Beiträge zur Wirtschaftsinformatik

Michael Rundshagen

Computergestützte Konsistenzsicherung in der objektorientierten Systemanalyse

Mit 90 Abbildungen

Physica-Verlag

Ein Unternehmen
des Springer-Verlags

Reihenherausgeber
Werner A. Müller
Peter Schuster

Autor
Michael Rundshagen
Diebold Deutschland GmbH
Frankfurter Straße 27
D-65760 Eschborn

ISBN 978-3-7908-0903-9   ISBN 978-3-642-52417-2 (eBook)
DOI 10.1007/978-3-642-52417-2

Die Deutsche Bibliothek – CIP-Einheitsaufnahme
Rundshagen, Michael:
Computergestützte Konsistenzsicherung in der objektorientierten Systemanalyse/Michael Rundshagen.
– Heidelberg: Physica-Verl., 1996
Zugl.: Mannheim, Univ., Diss., 1995 u.d.T.: Rundshagen, Michael: Entwicklung von Konsistenz-
regeln sowie Konzeption und Realisierung eines Werkzeugs zur computergestützten objektorientierten
Systemanalyse mit MAOOAM
ISBN 978-3-7908-0903-9

SPIN 10525939   2201/2202-5 4 3 2 1 0 – Gedruckt auf säurefreiem Papier

Vorwort

Das vorliegende Buch entspricht meiner Inauguraldissertation, die unter dem Titel „Entwicklung von Konsistenzregeln sowie Konzeption und Realisierung eines Werkzeugs zur computergestützten objektorientierten Systemanalyse mit MAOOAM" im Sommersemester 1995 von der Fakultät für Betriebswirtschaftslehre der Universität Mannheim angenommen wurde.

An dieser Stelle möchte ich meinem Doktorvater und akademischen Lehrer Prof. Dr. Dr. Martin Schader für die wohlwollende Betreuung danken. Seine ständige Diskussionsbereitschaft und konstruktive Kritik haben wesentlich zum Gelingen der Arbeit beigetragen. Bei Prof. Dr. Franz Steffens bedanke ich mich für die Übernahme des Korreferats.

Mein Dank gilt auch meinen Kollegen vom Lehrstuhl für Wirtschaftsinformatik III der Universität Mannheim. Besonders danke ich Herrn Dipl.-Math. Stefan Marx für die sorgfältige Durchsicht der ersten Version der Arbeit sowie für die ständige Bereitschaft, die neueste Software für die Erstellung des MAOOAM*_Tool_-Prototyps zu installieren.

Schließlich möchte ich mich bei meinen Eltern und Anne bedanken, die mich durch ihre vorbehaltlose Unterstützung stets aufs Neue motiviert haben.

Mannheim, Juli 1995 Michael Rundshagen

Inhaltsverzeichnis

Abbildungsverzeichnis

Kapitel 1

Einleitung

1.1 Motivation und Aufgabenstellung

Der bereits vor zehn Jahren prognostizierte Erfolg der Objektorientierung und der damit verbundenen Prinzipien (vgl. Bubenko und Janis (1986)) außerhalb des Gebiets der künstlichen Intelligenz, hat sich in der heutigen Zeit eingestellt. Nach der Verbreitung objektorientierter Konzepte in der Programmierung haben sie auch in der Datenbanktechnologie relativ schnell Eingang gefunden. Mit den Systemen ORION und O_2 waren schon Mitte der achtziger Jahre objektorientierte Datenbanken erhältlich (vgl. hierzu Banerjee *et al.* (1987)).

Die Anwendung objektorientierter Abstraktionsmechanismen auch in den der Implementierungsphase vorangehenden Phasen der Softwareentwicklung hat zu einer Vielzahl von Ansätzen in der objektorientierten Systemanalyse bzw. im objektorientierten Systemdesign geführt. Zum heutigen Zeitpunkt sind allein in Europa mehr als 40 verschiedene Methoden zur objektorientierten Systemanalyse im praktischen Einsatz (zu einem Überblick für objektorientierte Analysemethoden siehe auch Stein (1994) oder Bell (1994)). Nicht mitgezählt sind hierbei unternehmensinterne Methoden wie beispielsweise die bei der Software AG eingesetzte (zur Methodenbeschreibung vgl. Software AG (1993)) oder Ansätze, die rein zu Forschungszwecken entwickelt wurden, wie die in di Leva *et al.* (1993) beschriebene Methode M*-object.

Diese Tatsache hat schon Anfang der neunziger Jahre zu Veröffentlichungen geführt, die sich für eine einheitliche Notation in der objektorientierten Analyse bzw. im Design aussprechen. Page-Jones *et al.* (1990) S. 69 bemerken zu diesem Thema:

> „Last week we went to an object-oriented symposium in Cleveland. There
> we met a most unusual software engineer. He didn't have his own object-
> oriented design notation."

Die in der Literatur bekannten Ansätze haben ihren Ursprung in unterschiedlichen
Bereichen der Softwareentwicklung. Die meisten heute eingesetzten Methoden sind
aufbauend auf einer objektorientierten Programmiersprache, als Weiterentwicklung
der sogenannten klassischen Analyse- bzw. Datenmodellierungsansätze oder aber aufgrund spezifischer Anforderungen innerhalb ihres potentiellen Einsatzgebietes (also
abhängig von der Art der zu entwickelnden Systeme) entstanden. Zu den verschiedenen Herkünften objektorientierter Analysemethoden vgl. auch Fichman und Kemerer
(1992), Schaschinger *et al.* (1991) oder Thomas (1989), der mehrere Herkunftsgebiete
objektorientierter Methoden angibt.

Einhergehend mit dem Einsatz objektorientierter Technologie im Softwareengineering ist die Bedeutung der frühen Phasen im Softwarelebenszyklus gestiegen. Nicht
zuletzt die Einsicht, daß die Beseitigung von Fehlern um so komplexer wird, je später
sie entdeckt werden, erweckte den Bedarf an Möglichkeiten zur Qualitätssicherung
schon in der Systemanalyse. Nur auf diese Weise können die Vorteile einer durchgän-
gig objektorientierten Softwareentwicklung wie Wiederverwendbarkeit und Wartbar-
keit realisiert werden. Die Vorteile eines rein objektorientierten Softwareentwurfs
beschreibt beispielsweise Coad (1991*b*).

Eine Möglichkeit zur Fehlervermeidung bzw. -einschränkung besteht darin, die Tätigkeiten in der Systemanalyse computergestützt durchführen zu lassen. Bei einer sinn-
vollen CASE-Tool-Unterstützung könnten nahezu sämtliche syntaktischen und eine
Vielzahl semantischer Fehler rechnergestützt entdeckt und gegebenenfalls durch den
Systementwickler behoben werden. Die heute erhältlichen CASE-Tools für die Analysephase sind jedoch häufig nur in der Lage, einfache syntaktische Konsistenzprüfungen durchzuführen. Diese Überprüfungen der Analyseergebnisse auf die korrekte
syntaktische Verwendung von Modellierungskonstrukten greifen in der Regel auf ein
internes Metamodell zurück, das eine bestimmte Methode bzw. ein Entwurfsparadig-
ma abstrakt beschreibt. Die vorliegende Arbeit beschäftigt sich mit der Erstellung
eines solchen Metamodells und dessen Implementierung in ein CASE-Tool.

Im Rahmen des Projekts MAOOAM (**MA**nnheimer **O**bjekt**O**rientierte **A**nalyse**M**etho-
de) ist am Lehrstuhl für Wirtschaftsinformatik III der Universität Mannheim in den
Jahren 1992 bis 1994 eine objektorientierte Methode zur Systemanalyse als Synthese
mehrerer in der Praxis eingesetzter Analysemethoden entstanden (siehe zur Entwicklung der Methode Schader und Rundshagen (1994)). Die Methoden, von denen

Bestandteile in den MAOOAM-Ansatz eingeflossen sind, decken ihrem Ursprung nach die allgemein identifizierten Herkunftsgebiete ab. Eine Einordnung dieser Analysemethode im Vergleich zu den verbreitetsten objektorientierten Analysemethoden erfolgt im ersten Teil der Arbeit.

Da in der heutigen Zeit die Akzeptanz einer Softwareentwicklungsmethode abhängig ist von einer vorhandenen Toolunterstützung und diese wiederum nur mit Hilfe einer formalen Beschreibung der unterstützten Methode sinnvoll zu realisieren ist, bilden die Ableitung von Konsistenzregeln für die mit MAOOAM erstellten Systemmodelle und die Integration der Methode, aufbauend auf einem mit Hilfe dieser Regeln formulierten Metamodell, in ein CASE-Tool den eigentlichen Schwerpunkt der vorliegenden Arbeit. Es soll gezeigt werden, daß auch die Prüfung von Analyseergebnissen auf Basis eines Metamodells nicht nur unter einfachen syntaktischen Gesichtspunkten möglich ist.

Die in den letzten Jahren erschienenen Veröffentlichungen von Methoden zur objektorientierten Analyse enthalten schon oft ein Metamodell, das die eigene Methode beschreibt. Unter Verwendung der methodenspezifischen Notation wird hierbei die syntaktisch korrekte Verwendung der Modellierungskonstrukte beschrieben. Als Beispiele seien hier die Ansätze von Coad und Yourdon (1991*a*) oder Embley *et al.* (1992) genannt, die jedoch lediglich den Versuch machen, die syntaktisch korrekte Verwendung der Modellierungskonstrukte in einer abstrakten Methodenbeschreibung darzustellen. In dieser Arbeit wird ein ähnliches Modell für die in MAOOAM verwendete Analysemethode entwickelt, jedoch mit dem zusätzlichen Ziel, auch semantische Konsistenzbedingungen abzubilden.

1.2 Terminologie

Die Vielfalt der Ansätze in der objektorientierten Software- bzw. Datenbankentwicklung hat sowohl zu verschiedenen Objektmodellen als auch zu einer uneinheitlichen Begriffsbildung und -verwendung geführt. Hierdurch sind auch unterschiedliche Definitionen der Eigenschaften, die eine Methode oder ein System erfüllen muß, um als objektorientiert zu gelten, entstanden. Die daraus erwachsenen Probleme beschreibt Snyder (1993), der die Notwendigkeit einer einheitlichen Definition von Fachausdrücken in der Objektorientierung motiviert.

An dieser Stelle soll weder eine neue Definition der in der Objekttechnologie verwendeten Konzepte und deren Bezeichnung noch die Wiederholung schon veröffentlichter

Begriffsklärungen erfolgen. Die in dieser Arbeit vorhandenen Fachausdrücke zur objektorientierten Systementwicklung werden, wenn nicht anders angegeben, in dem Sinn verwendet, wie sie in Schader und Rundshagen (1994) auf den Seiten 15 ff. bzw. in den Ausführungen zu den Teilmodellen in MAOOAM definiert sind. Dies gilt sowohl für allgemeine, methodenunabhängige Ausdrücke wie Klasse, Objekt, Vererbung, Methode u.ä., als auch für methodenspezifisches Vokabular wie Objektrahmen, Klassenrahmen oder Ereignisfolgediagramm.

1.3   Gliederung

Kapitel 2 der vorliegenden Arbeit enthält, ausgehend von verbreiteten Ansätzen zur Beschreibung der verschiedenen Stadien, die Softwaresysteme oder Teile solcher Systeme in ihrer Lebensdauer durchlaufen, eine Einordnung der Systemanalyse in den Softwarelebenszyklus. Danach erfolgt eine kurze Darstellung der gebräuchlichsten Methoden zur objektorientierten Analyse, um eine Grundlage für die Einordnung des MAOOAM-Ansatzes zu erhalten. Bei der Beschreibung dieser Methoden wird besonderer Wert auf die Skizzierung des Zusammenspiels vorhandener Teilmodelle gelegt. Eine Beschreibung der drei MAOOAM-Teilmodelle in Abschnitt 2.3 beendet dieses Kapitel.

Die Beschreibung der Anwendungen von Metamodellen und deren Einordnung im Zusammenhang mit Objektmodellen bildet in Kapitel 3 die Grundlage zur Erläuterung von Ansätzen der Metamodellierung. Die vorgestellten Modelle stammen aus den Bereichen Datenmodellierung, Systemanalyse und damit verwandten Bereichen des Softwareengineering.

Kapitel 4 enthält nach einer Darstellung verschiedener Ausprägungen des Qualitätsbegriffs in der Systemanalyse die Herleitung syntaktischer und semantischer Konsistenzregeln, die ein korrektes Analysemodell beschreiben. Diese Regeln sind die Basis für die Entwicklung eines Metamodells, das die Menge der konsistenten Ergebnisse bei Anwendung der MAOOAM-Methode beschreibt. Die in diesem Teil der vorliegenden Arbeit gewonnenen Erkenntnisse sind auch auf andere objektorientierte Analysemethoden übertragbar.

Ausgehend von den entwickelten Konsistenzbedingungen und dem aufgestellten Metamodell wird in Kapitel 5 die bisher erfolgte Integration der objektorientierten Analysemethode des MAOOAM-Ansatzes in ein Upper-CASE-Tool erläutert. Vom MAOOAM*Tool-Prototyp werden der Editor des statischen Systemmodells, das Repository sowie die Komponente zur Konsistenzprüfung eines Analysemodells detailliert vorgestellt. Den Abschluß dieses Kapitels bildet die Beschreibung einer typischen Benutzersitzung mit der Durchführung von Konsistenzprüfungen.

Kapitel 6 enthält einen Ausblick auf mögliche Weiterentwicklungen von Methode, Metamodell sowie Computerunterstützung im Rahmen des MAOOAM-Projekts.

Kapitel 2

Objektorientierte Systemanalyse

In diesem Kapitel erfolgt nach der Einordnung der Analysephase in den Software-entwicklungsprozeß eine kurze Beschreibung der Systemanalyse in einer objektorientierten Softwareentwicklung. Daran schließen sich eine knappe Darstellung der Computerunterstützung in der Analyse sowie eine Übersicht der zum heutigen Zeitpunkt in der Praxis am häufigsten eingesetzten objektorientierten Analysemethoden an. Das Kapitel endet mit der Beschreibung des am Lehrstuhl für Wirtschaftsinformatik III durchgeführten Projekts MAOOAM.

2.1   Der Softwarelebenszyklus

Mit diesem Abschnitt sollen die Grundlagen geschaffen werden, um die Systemanalyse im Rahmen der Entwicklung objektorientierter Softwaresysteme einzuordnen. Der Umfang der Analysephase wird sowohl in bezug auf die zeitliche Abfolge der Phasen bei der Systementwicklung, als auch mit Bezug auf die in der Systemanalyse durchzuführenden Tätigkeiten dargestellt. Grundsätzliche Kritik an einem Phasenansatz, wie er im weiteren Verlauf der Arbeit unterstellt wird, äußern Hekmatpour und Ince (1988) oder Rumbaugh (1992*c*). Die Notwendigkeit zur expliziten Abgrenzung der Analysephase, die in der Literatur beispielsweise bei Berard (1990), der mit der sog. parallelen rekursiven Entwicklung einen generellen methodenunabhängigen Entwicklungsprozeß vorschlägt, oder Coad und Nicola (1993), bei denen Analyse, Design und Codierung nahezu parallel durchgeführt werden, kontrovers diskutiert wird, ergibt sich aus mehreren Gründen, die an dieser Stelle kurz erläutert werden sollen.

Zum ersten sind auch für die objektorientierte Softwareentwicklung Ansätze veröffentlicht worden, die nicht nur an einer Trennung zwischen Systemanalyse und -design festhalten, sondern auch phasenspezifische Notationen vorschlagen, die dann zu ebensolchen Ergebnissen führen. Eine Einordnung dieser Methoden im Vergleich zu Ansätzen, die eine strikte Trennung der einzelnen Entwicklungsphasen nicht mehr vorsehen, würde unnötig erschwert.

Zum zweiten besteht zumindest im Hinblick auf die durchzuführenden Tätigkeiten und den Umfang der im Rahmen der Systemanalyse erstellten Dokumente eine Abgrenzung dieser Phase gegenüber dem Systemdesign. Als Beispiel sei an dieser Stelle nur erwähnt, daß eine Systemanalyse im allgemeinen programmiersprachenunabhängig erfolgen sollte, während das Design eines Softwaresystems auch Rahmenbedingungen wie die zur Umsetzung vorhandene Hard- und Softwareumgebung berücksichtigen muß. Auf die Anforderungen an eine Analysemethode bzw. an die als Ergebnisse einer Systemanalyse erstellten Dokumente wird in Abschnitt 2.1.2 eingegangen.

Zum dritten erfolgt die Integration der jeweiligen Softwareentwicklungsmethoden in computergestützte Werkzeuge in den meisten Fällen zunächst für die Systemanalyse. Da ein Schwerpunkt der vorliegenden Arbeit eben diese Realisierung einer Computerunterstützung für die MAOOAM-Methode ist, wird eine Abgrenzung erforderlich.

Die Tatsache, daß der Systemanalyse gerade im Hinblick auf objektorientierte Softwareentwicklung eine besondere Bedeutung zukommt, da sich der Anteil an der Gesamtentwicklungszeit, der auf die Analysephase entfällt, stark erhöht hat (zu dieser Gewichtung der frühen Phasen siehe etwa Love (1993)), ist zusätzlich zu den bisher aufgeführten Gründen Anlaß für die gesonderte Behandlung.

2.1.1 Phasenmodelle

Zur Beschreibung des Lebenszyklus eines unter Einsatz objektorientierter Methoden erstellten Softwaresystems (im folgenden als objektorientierter Softwarelebenszyklus bezeichnet) erweisen sich bei näherer Betrachtung klassische Phasenmodelle für die Softwareentwicklung als ungeeignet (Henderson-Sellers und Edwards (1990); Rundshagen (1993)). Als klassische Phasenmodelle werden hier das von Boehm (1976) vorgestellte Wasserfallmodell bzw. das in Boehm (1986) vorgeschlagene bzw. in Boehm (1988) weiterentwickelte Spiralenmodell und die davon abgeleiteten Phasenmodelle bezeichnet. Die bekanntesten Weiterentwicklungen des klassischen Spiralenmodells zur Beschreibung eines objektorientierten Softwarelebenszyklus sind die Vorschläge von Wirfs-Brock *et al.* (1990) oder auch Wasserman (1991). Einen ausführlichen Überblick zu klassischen Softwarelebenszyklusmodellen gibt Schulz (1989).

Die Grenzen zwischen einzelnen Phasen des Softwarelebenszyklus werden in der objektorientierten Softwareentwicklung mehr und mehr verwischt, da beim Übergang von der Analyse in das Design kein neues Modell entwickelt, sondern nur das bestehende erweitert wird (Coad (1991*a*)). Ein weiterer Grund für die unscharfe Trennung zwischen Systemanalyse und -design liegt in der Tatsache, daß bei der Durchführung von Softwareprojekten die den jeweiligen Phasen zuzuordnenden Tätigkeiten zumindest teilweise gleichzeitig erfolgen, bzw. bewußt zwischen diesen Tätigkeiten gewechselt wird (vgl. Henderson-Sellers (1992)). Infolgedessen sind in der Literatur Ansätze wie beispielsweise das sogenannte „Baseball"-Modell von Coad und Nicola (1993) vorgeschlagen worden, die vollständig von einer Einteilung in Phasen absehen, sondern nur die verschiedenen Tätigkeiten der Softwareerstellung betrachten.

Als Grundlage eines erfolgreichen Projektmanagements gerade bei großen Softwareprojekten sollte jedoch nicht vollständig auf eine Unterteilung in Phasen verzichtet werden (zu dieser Problematik siehe auch Page-Jones (1991)). Heilmann *et al.* (1993) sehen eine Phaseneinteilung auch für eine phasenbezogene Qualitätssicherung als notwendig an. Eine grobe Einteilung in die Phasen Analyse, Design und Implementierung erscheint daher auch bei objektorientierter Vorgehensweise sinnvoll.

Forderungen, die im Zusammenhang mit der Beschreibung eines objektorientierten Softwarelebenszyklus gestellt werden, beziehen sich auf die explizite Darstellung des hohen Anteils an Überschneidungen einzelner Entwicklungsphasen sowie die Modellierung eines stark iterativen bzw. prototyporientierten Vorgehens in der Systementwicklung (Meyer (1989), Henderson-Sellers und Constantine (1991)). Änderungen der Rahmenbedingungen einer Systementwicklung (wie z.B. Änderungen der Benutzeranforderungen, Erweiterung der Systemfunktionalität etc.) erfordern die Möglichkeit, nicht nur die unmittelbar vorangehende sondern auch weiter zurückliegende Phasen des Lebenszyklus zu wiederholen. Gerade im Rahmen einer objektorientierten Systementwicklung hat sich der Anteil an der Gesamtentwicklungszeit von den späten Phasen wie etwa Implementierung und Test in stärkerem Maß auf die frühen Phasen Analyse und Design verschoben (Love (1993)). Diese Tatsache sollte sich in der Beschreibung eines objektorientierten Softwarelebenszyklus widerspiegeln.

Die im folgenden beschriebenen Phasenkonzepte werden den Anforderungen zur Beschreibung einer objektorientierten Systementwicklung gerecht und können daher als Grundlage für die Einordnung der Systemanalyse in den Softwarelebenszyklus verwendet werden.

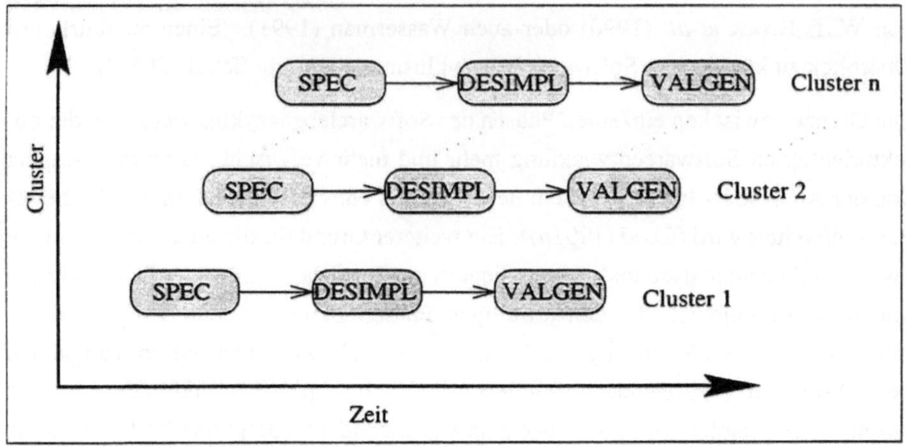

Abbildung 2.1: Cluster-Modell nach Meyer (1989)

2.1.1.1 Das Clustermodell

Das 1989 von Meyer vorgestellte Clustermodell geht bei der Beschreibung des Lebens-
zyklus nicht vom Gesamtsystem aus, sondern betrachtet logisch zusammenhängende
Klassen (sog. Cluster), die unabhängig voneinander entwickelt werden. Weitere in der
Literatur verwendete Begriffe für logisch zusammenhängende Klassen sind Subjekte
(Coad und Yourdon (1991*a*), Schader und Rundshagen (1994)), Kategorien (Booch
(1994*b*)) oder Module (Rumbaugh *et al.* (1991)).

Die einzelnen Lebenszyklen der Cluster können sich gegenseitig zeitlich überlappen
oder beeinflussen. Bei der Beschreibung der Lebenszyklen der Cluster orientiert sich
Meyer am klassischen Wasserfallmodell, wobei jedoch im Unterschied zum Ansatz
von Boehm nur drei Phasen unterschieden werden. In der SPEC-Phase wird die Spezifikation des Clusters vorgenommen, die Phasen Design und Implementierung werden
von Meyer in der DESIMPL-Phase zusammengefaßt, um den fließenden Übergang
zwischen diesen Phasen zu betonen (Fleischer *et al.* (1991)). In der abschließenden
VALGEN-Phase werden die Cluster getestet und im Hinblick auf ihre Wiederverwendung generalisiert.

Als Reihenfolge für die Entwicklung der Cluster schlägt Meyer vor, mit allgemeinen
Clustern, die Hilfsfunktionen bereitstellen und evtl. schon in einer Klassenbibliothek
enthalten sind, zu beginnen. Danach sollte „bottom-up" bis hin zu den anwendungs-
spezifischen Clustern weiterentwickelt werden.

Jedes spezielle (high level) Cluster kann von einem allgemeineren (low level) Cluster abhängen und dieses zur Implementierung in der DESIMPL-Phase verwenden. Diese Abhängigkeit bezeichnet Meyer als Klientenbeziehung (vgl. Meyer (1989)).

Das Cluster-Modell wurde von Meyer zur Beschreibung einer Systementwicklung mit der Programmiersprache EIFFEL (Meyer (1990)) entwickelt. Es ist geeignet zur Darstellung eines objektorientierten Softwarelebenszyklus, da es die Forderungen, die zu Beginn dieses Abschnitts gestellt wurden, weitgehend erfüllt.

2.1.1.2   Das Fontänenmodell

Ein weiteres Modell, das die genannten Kriterien erfüllt, ist das 1990 von Henderson-Sellers und Edwards erstmals vorgestellte Fontänenmodell. Dieser Ansatz enthält die gleichen Phasen der Systementwicklung wie das klassische Wasserfallmodell, jedoch werden diese Phasen nicht mehr sequentiell einmal durchlaufen, sondern es sind Überlappungen von Phasen sowie Iterationen, in denen beliebig weit zurückliegende Phasen wiederholt werden können, berücksichtigt (vgl. Henderson-Sellers (1992)). Fließende Phasenübergänge werden in Abhängigkeit der Größe der Überlagerung grafisch dargestellt. Phasen, die sich nicht überlappen, werden durch disjunkte Kreise symbolisiert (vgl. Abb. 2.2(a)).

Die Ergebnisse jeder Phase werden nicht eingefroren, sondern sie werden immer wieder auf Vollständigkeit und Korrektheit überprüft und bei auftretenden Mängeln in einem weiteren Iterationsschritt neu erstellt bzw. geändert. Mit dem Fontänenmodell lassen sich sowohl die traditionelle Systementwicklung mit funktionalen Programmiersprachen als auch eine objektorientierte Entwicklung mit der zusätzlichen Möglichkeit des Prototypings beschreiben (Henderson-Sellers und Edwards (1990)).

Einer der Vorteile objektorientierter Softwareentwicklung ist die Unterstützung des Entwurfs wiederverwendbarer Softwarebausteine. Der Lebenszyklus dieser Module unterscheidet sich von dem des Gesamtsystems. Aus diesem Grund schlagen Henderson-Sellers und Edwards (1990) explizit ein Modell zur Beschreibung von Klassen- bzw. Clusterlebenszyklen vor (vgl. Abb. 2.2(b)).

In diesem Ansatz wird der Lebenszyklus mit ähnlichen Phasen beschrieben wie im Fontänenmodell, es kommen jedoch noch Phasen für die Generalisierung und Aggregation hinzu, in denen die Überarbeitung der entworfenen Klassen zur zukünftigen Wiederverwendung vorgenommen werden soll.

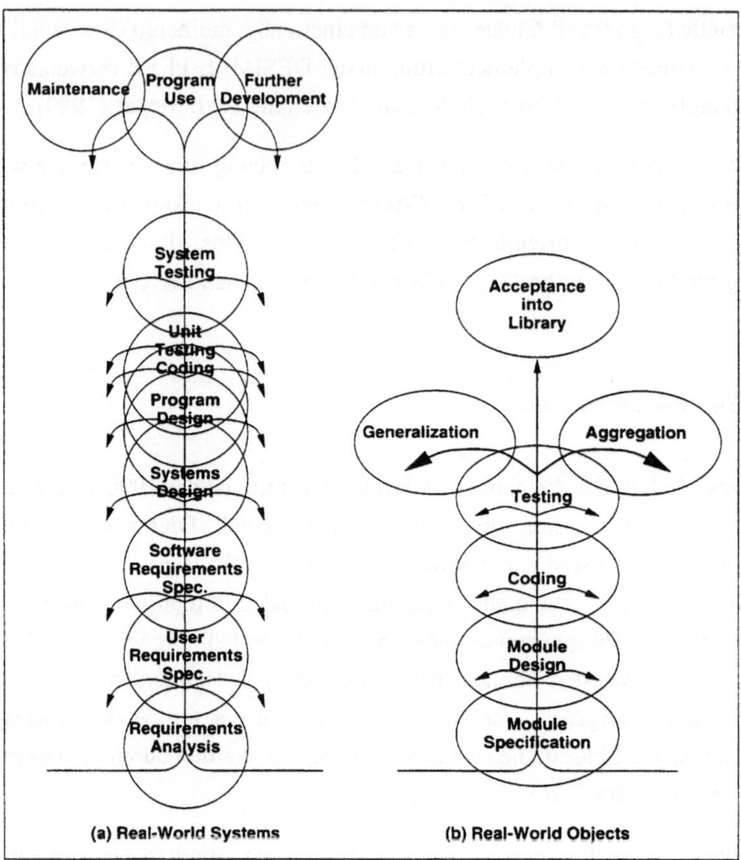

Abbildung 2.2: Fontänen-Modell nach Henderson-Sellers und Edwards (1990)

2.1.1.3   Weiterentwicklungen

Ein Mangel der beiden hier vorgestellten Modelle zur Beschreibung eines objektorientierten Lebenszyklus für Gesamtsysteme bzw. Module ist die fehlende Berücksichtigung einer Wiederverwendung von Ergebnissen aus der Analyse- bzw. Designphase
(Capretz und Lee (1992)). Weder das Cluster-Modell noch der Ansatz von Henderson-
Sellers und Edwards sehen eine solche Wiederverwendung von Analyse- oder Designergebnissen vor.

Die Systemanalyse sollte nach Möglichkeit unabhängig von Programmiersprachen
oder etwa vorhandenen Design- oder Codebausteinen, die beispielsweise in Form
von Klassen oder Clustern in einer Bibliothek verfügbar sein könnten, erfolgen;
während bereits nach dem Übergang in das Systemdesign eine Berücksichtigung

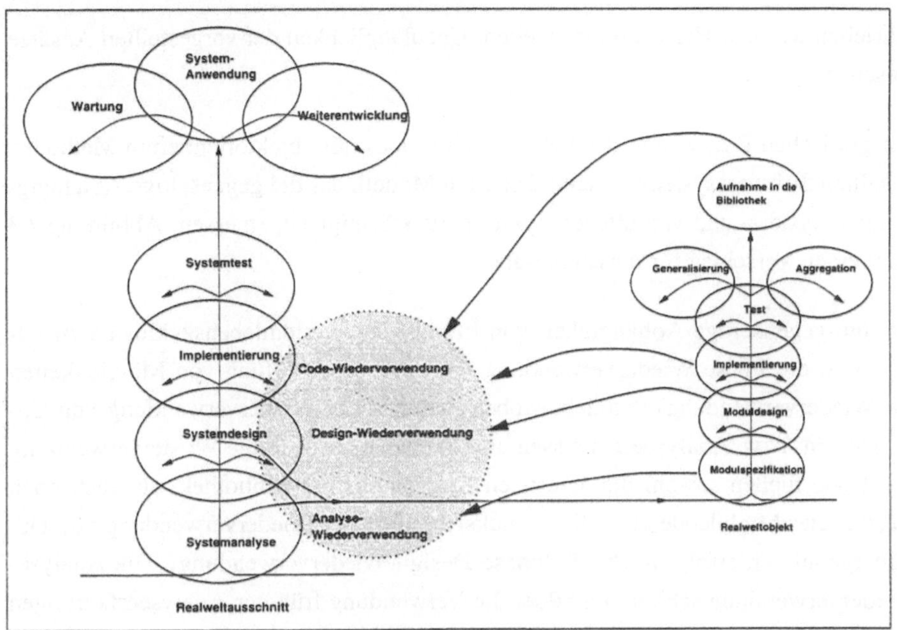

Abbildung 2.3: Kombinierter Cluster-Systemlebenszyklus (Quelle: Rundshagen (1993))

bzw. Wiederverwendung früherer Ergebnisse erfolgen kann (vgl. Coad und Yourdon (1991*a*), Rumbaugh *et al.* (1991) sowie Capretz und Lee (1992)). Meyer deutet diese Wiederverwendung mit Hilfe der oben beschriebenen Klientenbeziehung an.

Trotz der prinzipiellen Unabhängigkeit der Analysephase von Werkzeugen zur Systemrealisierung ist es möglich, bereits in dieser Phase aus früheren Projekten bekannte Ergebnisse der Systemanalyse wiederzuverwenden. Eine Wiederverwendung bietet sich etwa bei verwandten Problemstellungen oder bei häufig auftretenden Strukturen potentieller Klassen an (vgl. Coad (1992)). So werden in nahezu allen betrieblichen Anwendungen, die sich mit dem Transfer von Leistungen zwischen Betrieb und Umwelt beschäftigen, Klassen wie z.B. Kunde, Produkt, Bestellung oder Lieferung und eventuell davon abgeleitete Klassen auftreten. In Rundshagen (1993) wird ein Beispiel für die Wiederverwendung von Analyseergebnissen gegeben.

Im Hinblick auf die Berücksichtigung einer Wiederverwendung von Code- bzw. Design-Modulen sollte eine Beschreibung des Softwarelebenszyklus nicht getrennt für das Gesamtsystem und einzelne Cluster oder nur für eines von beiden erfolgen, sondern vielmehr müssen die Lebenszyklen von Modulen und System gemeinsam beschrieben werden. Hierin ist eine weitere Unzulänglichkeit der vorgestellten Ansätze zu sehen.

Zur grafischen Darstellung des Lebenszyklus eines mit objektorientierten Methoden erstellten Softwaresystems scheint daher ein Modell, das die gegenseitige Abhängigkeit von System- und Modullebenszyklus berücksichtigt, angemessen. Abbildung 2.3 zeigt einen Vorschlag für diesen Ansatz.

Um die gegenseitige Abhängigkeit von Modul- und Systemlebenszyklus darzustellen, wird die Phase Wiederverwendung (genauer: Überprüfung von Möglichkeiten zur Wiederverwendung) definiert, wobei zwischen der Wiederverwendung von Code, Design- bzw. Analyseergebnissen unterschieden wird. In die Wiederverwendung von Code fließen sowohl die getesteten Klassen aus der Bibliothek, als auch noch ungetesteter Modulcode ein. Die Berücksichtigung der Wiederverwendung von Designergebnissen erfolgt in der Teilphase Design-Wiederverwendung. Die Analyse-Wiederverwendung schließlich bildet die Verwendung früherer Analyseerfahrungen bei neuen Systementwicklungen ab. Durch die Verbindung von Systemanalyse bzw. -design mit dem Ursprung des Modullebenszyklus wird die Ableitung von Modulen im Rahmen dieser Phasen modelliert.

Einige Autoren unterscheiden deshalb zwischen einer Systemanalyse und einer etwas allgemeineren Analyse des zugrundeliegenden Problembereichs in der Problembereichsanalyse (domain analysis). Eine Beschreibung der letzteren gibt beispielsweise Berard (1993). Capretz und Lee (1992) schlagen ein Phasenmodell vor, das bereits im Übergang von der Systemanalyse zum Systemdesign die Wiederverwendung einzelner entweder vorhandener oder neu realisierter Softwarekomponenten vorsieht. Das Festlegen potentiell wiederverwendbarer Klassen geschieht bei diesem Ansatz in der sogenannten Problembereichsanalyse.

2.1.2 Die Analysephase

Ziel der Analysephase ist es, ein Modell des Realweltausschnitts, der durch das zu entwickelnde System abgebildet werden soll, zu erstellen. Dieses Analysemodell sollte unabhängig von Fragestellungen, die sich mit der späteren Realisierung befassen, entworfen werden.

2.1.2.1 Tätigkeiten in der Systemanalyse

Die Tätigkeiten innerhalb der Analysephase dienen im wesentlichen der Bestimmung von Objekten und deren Strukturen bzw. Abhängigkeiten, der Beschreibung der Systemfunktionalität sowie der Erfassung der Kontrollflüsse innerhalb des Systems. Graham (1991) faßt diese Tätigkeiten unter Spezifikation und logischer Modellierung zusammen.

Ausgehend von einer Problemspezifikation entwickelt der Systemanalytiker oft in enger Zusammenarbeit mit den späteren Anwendern ein logisches Modell, das als Ausgangsbasis für die Designphase dient. In dieser wird unter Berücksichtigung der verfügbaren Hilfsmittel zur Realisierung ein Modell der Architektur des Systems entworfen (Wand und Weber (1989)).

Wie in Abschnitt 2.1.1 dargestellt, sind die Übergänge zwischen Analyse- und Designphase unscharf, da sich durch die direkte Übernahme von Analyseergebnissen in die Designphase die Phasen nicht genau voneinander abgrenzen lassen.

Ebenso schwer wie die genaue Abgrenzung der beiden frühen Phasen des objektorientierten Softwarelebenszyklus voneinander ist die Unterscheidung zwischen objektorientierten Analysemethoden und objektorientierten Designmethoden, bzw. die Trennung von Analyse- und Designaktivitäten, falls ein Ansatz beide Phasen unterstützt.

Im Rahmen der vorliegenden Arbeit werden der Analysephase alle Tätigkeiten zugeordnet, die zur Erstellung eines von Realisierungsaspekten unbeeinflußten Modells dienen. Die Phase wird mit der Erstellung des Analysemodells als abgeschlossen betrachtet. Die Vernachlässigung von eventuell nötigen Rücksprüngen aus späteren Phasen in die Analyse stellt keine Einschränkung dar, weil sich die Arbeit ausschließlich auf die Systemanalyse, wie sie hier abgegrenzt wurde, konzentriert.

2.1.2.2 Anforderungen an eine Analysemethode

Anforderungen an eine Methode zur objektorientierten Systemanalyse erwachsen sowohl aus grundsätzlichen Anforderungen an eine Analysemethode als auch aus speziellen Anforderungen, die an eine objektorientierte Methode zu stellen sind. So entwickelt beispielsweise Walker (1992) ein zweidimensionales Anforderungsprofil für objektorientierte Designmethoden, bei dem die in einem allgemeinen Zusammenhang mit der Objektorientierung stehenden Anforderungen die erste und die an eine

Designmethode in Zusammenhang mit Notation, Heuristiken und Vorgehensweise entstehenden Gesichtspunkte die zweite Dimension ausmachen.

Die Beschreibung eines Systems kann unter drei Aspekten erfolgen. In der Analysephase sollten

- Objekte und deren Strukturen bzw. Abhängigkeiten abgebildet,

- lokales funktionales Verhalten oder Prozesse beschrieben,

- Kontrollflüsse oder globales Systemverhalten erfaßt

werden (vgl. Graham (1991), S. 224). Im weiteren Verlauf dieser Arbeit werden die oben genannten Aspekte mit den Begriffen Struktur, Prozeß und Kontrollfluß zusammengefaßt.

Im Idealfall stellt eine Methode Hilfsmittel zur Modellierung von Strukturen, Prozessen und Kontrollflüssen zur Verfügung. Die klassischen Konzepte ermöglichen jedoch meist nur eine Systembeschreibung aus der Sicht eines einzigen der hier diskutierten Aspekte. So beschreiben Methoden, die der ER-Modellierung verwandt sind, lediglich die statischen Datenstrukturen innerhalb des betrachteten Systems. Ansätze, die Datenflüsse und deren Umwandlung innerhalb von Prozessen modellieren, wie etwa die strukturierte Analyse nach DeMarco, beschreiben hingegen hauptsächlich Daten und deren Transformation. Die Weiterentwicklungen des Datenflußansatzes z.B. von Hatley und Pirbhai (1987) bieten zusätzlich die Möglichkeit der Darstellung von Kontrollflüssen. Die Integration zumindest von Datenstrukturen und lokaler Systemfunktionalität wird allgemein als einer der Vorteile objektorientierter Methoden angesehen.

Objektorientierte Analysemethoden sollten die mit dem Paradigma verbundenen Möglichkeiten voll ausnutzen können. Diese Forderung ist ebenso grundlegend wie schwer erfüllbar, da die für eine objektorientierte Methode notwendigen Konzepte bisher nicht einheitlich definiert bzw. standardisiert sind. Einer der erfolgreichen Versuche, dieses Problem zu lösen wird in Atkinson *et al.* (1989) unternommen. Allgemeine Definitionen zur Terminologie in der Anwendungsentwicklung geben Hesse *et al.* (1994).

Neben den oben erläuterten Möglichkeiten zur vollständigen Modellierung des zu entwickelnden Systems sollte eine Analysemethode, besonders im Hinblick auf komplexe Systeme, die Voraussetzungen zur Unterstützung der Analysetätigkeiten durch Tools besitzen. Hierbei müssen vor allem die Notation und der Zusammenhang der einzelnen, in der Analyse erstellten Dokumente genau definiert sein.

Eng verbunden mit der Forderung nach Tool-Unterstützung ist die Anforderung, eine Schnittstelle zur Übergabe von Ergebnissen in die nachfolgenden Phasen des Softwarelebenszyklus bereitzustellen. Erst die Übernahme von Ergebnissen anderer Phasen ohne Informationsverlust, der durch den Einsatz unterschiedlicher Modellierungskonstrukte in verschiedenen Phasen entsteht, ermöglicht eine effiziente Erstellung von Software. Im Anschluß an die Systemanalyse ist die Übergabe der Ergebnisse in das Systemdesign von besonderem Interesse. Auch hier wirft, wie bereits weiter oben beschrieben, die Kombination von klassischen Methoden in den frühen Phasen und von objektorientierten Ansätzen in den jeweils darauffolgenden Phasen Probleme auf, die durch einen Informationsverlust beim Phasenübergang entstehen. (Vgl. auch Bailin (1989) oder Alabiso (1988), der eine automatisierte Transformation von strukturierter Analyse hin zum objektorientierten Design skizziert.)

2.1.3 Computerunterstützung in der Analysephase

Die stetig steigende Komplexität industrieller Softwareprojekte hat zu einem zunehmenden Einsatz formaler Techniken auch in den frühen Phasen des Softwarelebenszyklus geführt. Diese formalen Methoden bieten sich für eine automatische Unterstützung ihres Einsatzes durch computergestützte Softwareentwicklungswerkzeuge an, weil sich die in der jeweiligen Methode explizit formulierten bzw. implizit enthaltenen Konsistenzregeln in die Werkzeuge integrieren lassen. Eine solche Integration, die in dieser Arbeit für die Analysemethode des MAOOAM-Projekts erfolgen soll, ermöglicht eine in weitem Maß automatisierte Prüfung der Modellkonsistenz. Ein weiterer Grund für den Erfolg von CASE-Tools ist die Tatsache, daß eine Koordination der an einem Projekt beteiligten Teams bzw. Teammitglieder auf der Basis eines mit geeigneter Funktionalität entwickelten Repositories das Projektmanagement erheblich vereinfacht (vgl. hierzu auch Habermann und Leymann (1993)).[1] Einer der größten Vorteile ist hierbei die Möglichkeit des einfachen Zugriffs auf zentrale Projektinformationen, die sich ohne nennenswerte Zeitverzögerung stets auf dem aktuellen Stand befinden.

Die Akzeptanz einer Analysemethode in der kommerziellen Anwendungsentwicklung wird vor allem durch die Art und den Umfang der zur Verfügung stehenden Computerunterstützung bestimmt. Erst durch ihre Implementierung in ein Upper-CASE-Tool wird eine Methode in komplexen Softwareprojekten einsetzbar. In Abhängigkeit der

---

[1]Der Begriff Repository als Fachbegriff für die zentrale Informationshaltung und -verwaltung hat sich mit der Ankündigung des AD/CYCLE Softwarekonzepts der IBM 1989 durchgesetzt (vgl. hierzu Andexer (1991)).

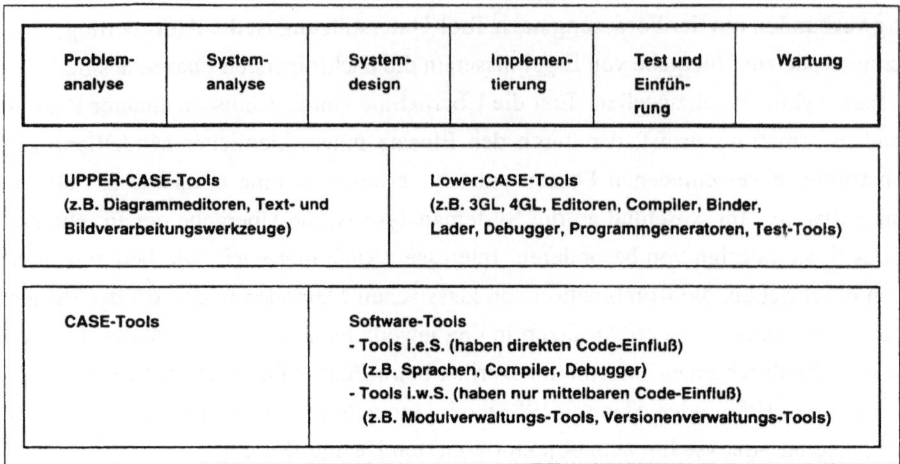

Abbildung 2.4: Klassifizierung von CASE-Tools

Phasen in der Softwareentwicklung, die von einem Computerwerkzeug unterstützt werden, teilt man diese in sogenannte Upper- (Analyse und Design), Lower- (Codierung und Wartung) sowie Integrated- (sämtliche Phasen und Aufgaben) CASE-Tools ein (zur Klassifizierung von Software-Engineering-Werkzeugen siehe auch Hildebrand (1991)). Abbildung 2.4 zeigt zwei gebräuchliche Klassifizierungen von CASE-Tools in Anlehnung an Bauer (1991) und Hildebrand (1991).

Deshalb ist es nicht weiter verwunderlich, daß zu jeder in den Abschnitten 2.2.1 bis 2.2.7 diskutierten Methoden mindestens ein Upper-CASE-Tool realisiert worden ist. (In Schader und Rundshagen (1994) werden einige dieser Tools vorgestellt.) Eine umfassende Übersicht über CASE-Tools enthalten beispielsweise Balzert (1991) oder Yourdon (1994).

2.2   Methoden zur Systemanalyse

Betrachtet man die Enstehungsgeschichte objektorientierter Analysemethoden, so fällt auf, daß es verschiedene Gruppen von Ansätzen gibt. Jede dieser Gruppen ist durch unterschiedliche Einflüsse aus dem Bereich der Datenmodellierung bzw. der Programmiersprachen geprägt worden. Am gebräuchlichsten ist eine Klassifizierung objektorientierter Analysemethoden anhand ihrer Nähe zu den klassischen Verfahren der Analyse. Schäfer (1993) unterscheidet bei objektorientierten Analysemethoden revolutionäre von evolutionären Ansätzen; Heilmann *et al.* (1993) sprechen zusätzlich noch von traditionellen Methoden. Nach Heß und Scheer (1992) erfolgt in der einen

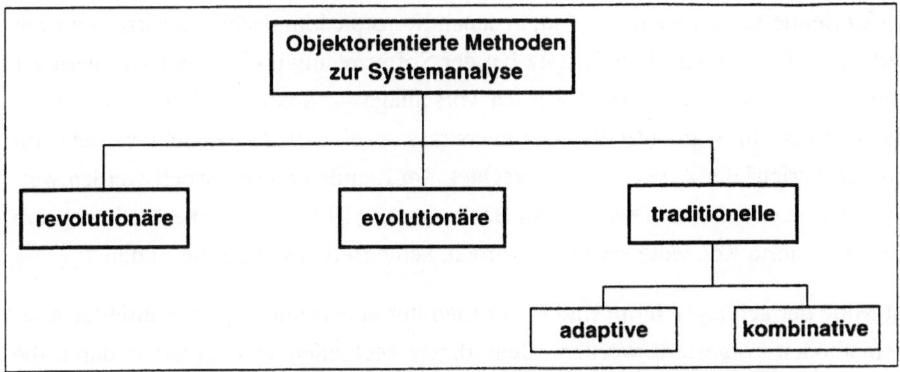

Abbildung 2.5: Klassifizierung objektorientierter Analysemethoden

Gruppe eine Abstrahierung von objektorientierten Programmierkonstrukten in der anderen eine Erweiterung traditioneller Methoden. Kombinative Methoden, die mehrere klassische Ansätze zu einem objektorientierten Ansatz verbinden, unterscheiden Monarchi und Puhr (1992) von adaptiven Methoden, bei denen klassische Methoden an die Objektorientierung angepaßt werden, sowie von rein objektorientierten Methoden. In dieser Arbeit wird die in Abbildung 2.5 skizzierte Klassifizierung gewählt.

Die revolutionären Methoden verwenden grundsätzlich andere Konstrukte zur Modellierung als die klassischen Ansätze zur Systemanalyse. Oft sind die dieser Gruppe zuzurechnenden Ansätze aus objektorientierten Programmiersprachen entstanden; so ist beispielsweise die in Booch (1994*b*) dargestellte Methode ursprünglich aus der Programmiersprache Ada entstanden. Neben den Methoden nach Booch bzw. Jacobson *et al.* (1992) wird mit dem Responsibility Driven Design (RDD) nach Wirfs-Brock *et al.* (1990) ein weiterer Ansatz vorgestellt, der dieser Gruppe zuzurechnen ist.

Methoden, die wesentliche Weiterentwicklungen der klassischen Ansätze beinhalten, werden den evolutionären Methoden zugerechnet. In dieser Arbeit werden aus dieser Kategorie objektorientierter Analysemethoden die Ansätze von Coad und Yourdon (1991*a*) und Martin und Odell (1992) dargestellt.

Die Verbindung mehrerer klassischer Ansätze zu einem objektorientierten Ansatz wird in den sog. kombinativen Methoden vorgenommen. Aus dieser Gruppe werden die Methoden von Shlaer und Mellor (1988) sowie Rumbaugh *et al.* (1991), die ER-Modellierung, Zustandsdiagramme und Datenflußdiagramme miteinander kombinieren, beschrieben.

Objektorientierte Analysemethoden, in denen Konzepte klassischer Ansätze angepaßt werden, sind im praktischen Einsatz bei der Softwareentwicklung nur von geringer Bedeutung. Aus diesem Grund werden Vorschläge für adaptive Methoden, wie sie beispielsweise in Ward (1989) oder Nierstrasz *et al.* (1992) gemacht werden, im weiteren Verlauf der Arbeit nicht betrachtet. Im Rahmen dieser Arbeit werden weiterhin Ansätze, bei denen wie in van Baelen *et al.* (1992) klassische Methoden um objektorientierte Konzepte erweitert wurden, keine Berücksichtigung finden.

Seit Mitte der achtziger Jahre sind in der Literatur eine Reihe objektorientierter Analysemethoden vorgestellt worden. Jede dieser Methoden wird definiert durch die verwendeten Konstrukte und eine Vorgehensweise, die meistens nur implizit beschrieben wird (vgl. zu dieser Zweiteilung auch Becker (1992)). Die Vorschläge für das Auffinden von Klassen und Objekten reichen von einfachen Strichlisten, wie sie in Coad und Yourdon (1991*a*) verwendet werden, über Textanalyse (Abbot (1983)) bis hin zur Anwendung von Metaphern. Die bekannteste Metapher ist die in Budde *et al.* (1991) dargestellte Werkzeug-Material-Metapher zur Auffindung von Klassen und zur Strukturierung der Systemarchitektur.

In diesem Abschnitt werden ausgewählte Methoden, die in der Praxis eingesetzt werden und von am Markt eingeführten CASE-Tools unterstützt werden, kurz mit den verwendeten Modellierungskonstrukten und der Vorgehensweise dargestellt. Es ist nicht das Ziel, den Nutzen des Einsatzes einer spezifischen Methode zu erläutern, da dies gerade in den frühen Phasen des Softwareengineerings schwierig ist. Ansätze, die sich mit dieser Problematik auseinandersetzen, sind in Dworatschek und Höcker (1985) oder Stein (1994) beschrieben. Auch eine vergleichende Gegenüberstellung der Methoden ist nicht Bestandteil des vorliegenden Abschnitts. Auf diesem Gebiet gibt es bereits zahlreiche Methodenvergleiche, die teilweise eine Bewertung anhand eines Kriterienkatalogs vornehmen wie beispielsweise Schader und Rundshagen (1993), Stein (1993), Fowler (1992) oder de Champeaux und Faure (1991). Einen interessanten Ansatz verfolgen Hackathorn und Karimi (1988), die eine zweidimensionale Matrix zur Einordnung verschiedener Softwareengineeringmethoden entwickeln. Die Dimension „Breite" der Matrix beschreibt die Anwendbarkeit der untersuchten Methoden in den einzelnen Phasen des Softwarelebenszyklus. Mit der „Tiefe" einer Methode wird die praktische Einsetzbarkeit beschrieben, die sich in diesem Bewertungsansatz aus der Verfügbarkeit von Konzepten, Notation und Handlungsanweisung sowie Toolunterstützung zusammensetzt.

Die Auswahl der Methoden stützt sich auf eine am Lehrstuhl für Wirtschaftsinformatik III durchgeführte Untersuchung zur Methodenunterstützung in Systemanalyse

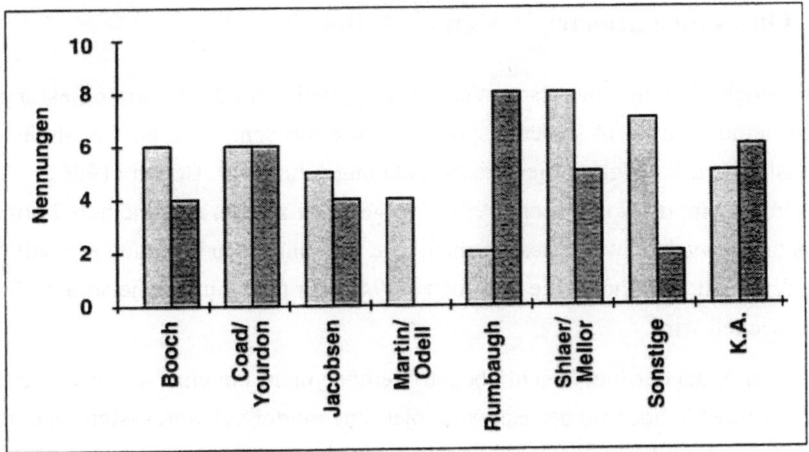

Abbildung 2.6: Methoden und die Häufigkeit ihrer Unterstützung

und -design bei Upper-CASE-Tools (zur Durchführung der Erhebung siehe Müller (1994)). Im Rahmen der Untersuchung wurden in Deutschland 27 Distributoren bzw. Hersteller von objektorientierten CASE-Tools unter anderem nach den Methoden, die durch ihr Tool unterstützt werden, befragt. Die Ergebnisse sind in Abbildung 2.6 zusammengefaßt, wobei die hellgrauen Balken Unterstützung der Methoden in der Systemanalyse, die dunkelgrauen eine Unterstützung innerhalb des Systemdesigns bedeuten.

Die in diesem Abschnitt betrachteten Methoden sind die OOD nach Booch (1994*b*), objektorientierte Analyse nach Shlaer und Mellor (1988), OOA nach Coad und Yourdon (1991*a*), OMT nach Rumbaugh *et al.* (1991), OOA&D nach Martin und Odell (1992), OOSE nach Jacobson *et al.* (1992) sowie die Methode nach Wirfs-Brock *et al.* (1990). Die letztgenannte Methode wird zwar von relativ wenigen CASE-Tools unterstützt, sie spielt jedoch in nahezu jedem der oben genannten Methodenvergleiche eine Rolle; dies rechtfertigt die Entscheidung, sie auch im Rahmen dieser Arbeit zu berücksichtigen.

Auf die detaillierte Erläuterung der verschiedenen Notationen wird bei den Methodenbeschreibungen verzichtet, da im Rahmen dieser Arbeit die verwendeten Konzepte von Interesse sind.

2.2.1 Objektorientiertes Design nach Booch

Der von Booch 1986 in einer ersten Version vorgestellte Ansatz für ein objektorientiertes Systemdesign ist in seiner ursprünglichen Form sehr stark an die Modellierungskonstrukte der Programmiersprache Ada angelehnt (vgl. Booch (1986)). Aus diesem Grund wird die von Booch (1991b) vorgestellte zweite, allgemeinere Form in Notation und Vorgehensweise beschrieben. Die Ausführungen beziehen sich auf die neueste Version der Methode, die in Booch (1994b) nur noch für die Zielsprache C++ weiterentwickelt wird.

Obwohl es sich bei der hier beschriebenen Methode nicht um eine Analysemethode sondern um eine Methode für den Entwurf objektorientierter Softwaresysteme handelt, die hauptsächlich das Systemdesign und die nachfolgenden Phasen unterstützt, können die verwendeten Modellierungskonstrukte auch in der Analysephase teilweise sinnvoll eingesetzt werden. Hinweise für die Analyse finden sich beispielsweise bei Booch (1991a). In diesem Abschnitt werden nur die für die Systemanalyse relevanten Teile des Ansatzes dargestellt.

Konzepte und Dokumente

Bei Softwaresystemen unterscheidet Booch zwischen logischer und physikalischer Sicht sowie zwischen statischer und dynamischer Semantik. Die logische Beschreibung des Systems erfolgt in Klassen- und in Objektdiagrammen. Klassen können in den Diagrammen als „normale" Klassen, als parametrisierte oder instanziierte Klassen, die beispielsweise in C++ als Templates realisiert werden, dargestellt werden (zu Templates in C++ siehe Schader und Kuhlins (1994)). Für die Programmiersprache Smalltalk wird zusätzlich das Konzept der Metaklassen, deren Instanzen wiederum Klassen sind, unterstützt. Falls notwendig, können Klassen auch als abstrakte Klassen gekennzeichnet werden. Bei großen Systemen werden die Klassen, die miteinander in Beziehung stehen, zu Kategorien von Klassen zusammengefaßt.

Booch (1994b) unterscheidet sechs unterschiedliche Beziehungen zwischen Klassen. Ein allgemeiner logischer Zusammenhang zwischen zwei Klassen wird als Assoziation modelliert. Verfeinerungen dieser allgemeinen Beziehung können in der Form von Vererbungs-, „Has"- oder „Using"-Beziehung eingeführt werden. Des weiteren besteht die Möglichkeit, Instanziierungen von Klassen oder Metaklassenbeziehungen zu modellieren. Bei der Beschreibung von Beziehungen werden die üblichen Konzepte wie Kardinalitäten, Rollen der beteiligten Klassen etc. vorgeschlagen (siehe hierzu auch Booch (1992)).

Für die Beschreibung der Objektkommunikation zur Laufzeit eines modellierten Systems werden Objektdiagramme eingeführt. In diesen werden die im System ausgetauschten Nachrichten als Objektbeziehungen dargestellt. Im Design können die Nachrichtenverbindungen detailliert spezifiziert werden; hier wird z. B. zwischen synchronem (das sendende Objekt wartet solange, bis das empfangende Objekt die Nachricht akzeptiert) oder asynchronem (die Nachricht wird beim empfangenden Objekt in einer Queue gespeichert) Nachrichtenversand unterschieden.

Objekte können innerhalb des Systems eine von drei unterschiedlichen Rollen annehmen, sie können entweder Actor, Server oder Client sein. Ein Actor kann das Verhalten anderer Objekte steuern, er kann jedoch nicht von anderen Objekten beeinflußt werden. Die Server können nur von anderen Objekten gesteuert werden, sie selbst operieren nicht auf anderen Objekten. Auf den Clients kann sowohl von anderen Objekten aus operiert werden, diese können aber auch andere Objekte steuern. Der Client/Server-Ansatz entspricht der in Abschnitt 2.2.7 beschriebenen Sichtweise von Wirfs-Brock *et al.* (1990).

Dynamische Eigenschaften von Klassen werden mit Hilfe von Zustandsdiagrammen beschrieben. Zur dynamischen Beschreibung von Objekten verwendet Booch Interaktionsdiagramme, die die Kommunikation der Objekte untereinander durch Ereignisse und Methodenaufrufe darstellen. Diese Darstellung, die auch unter der Bezeichnung Ereignisfolgediagramm bei Schader und Rundshagen (1994) bzw. als „event trace" bei Rumbaugh *et al.* (1991) bekannt ist, ermöglicht eine Beschreibung der Abfolge von Methodenaufrufen sowie eine Skizzierung der Zeitdauer, für die ein Objekt die Steuerung der Systemfunktionalität übernimmt. Innerhalb eines Data Dictionary wird unter Verwendung einer standardisierten Schablone jede Klasse mit ihren Eigenschaften beschrieben.

Da die hier vorgestellte Methode eigentlich eine reine Design- bzw. Implementierungsmethode ist, können die mit dieser Notation erstellten Analyseergebnisse problemlos in das Systemdesign übernommen werden. Die Booch-Methode wird u.a. von den Tools *ObjectMaker* (Mark V Systems (1994)) und RATIONAL ROSE (Rational (1993)) unterstützt. Die Notation der hier dargestellten Methode ist in den Abbildungen 2.7 bis 2.9 dargestellt.

Der Prozeß

Booch unterteilt seine Vorgehensweise in einen Makro- und einen Mikroprozeß. Der Makroprozeß ist in fünf einzelne Schritte untergliedert, deren Inhalt und Reihenfolge

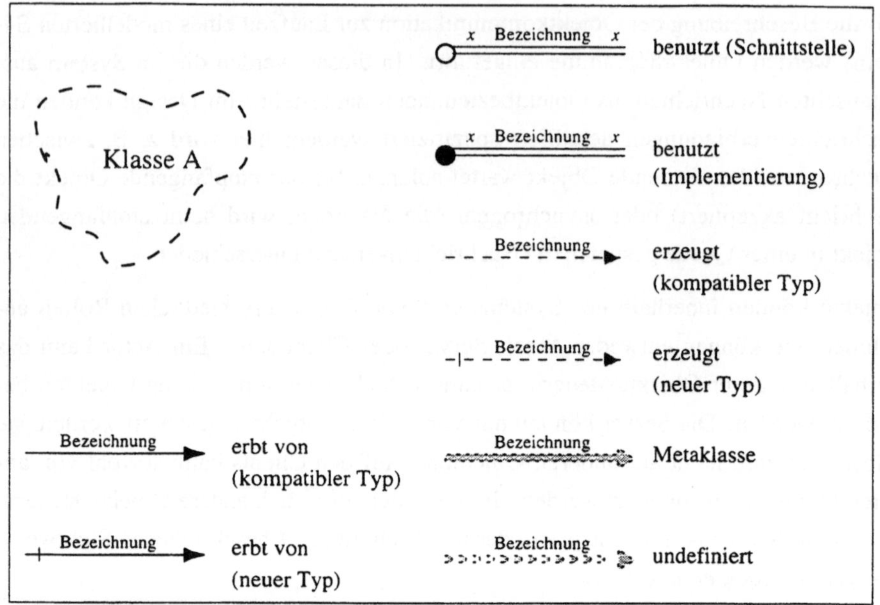

Abbildung 2.7: Klassen- und Beziehungssymbole nach Booch (1991)

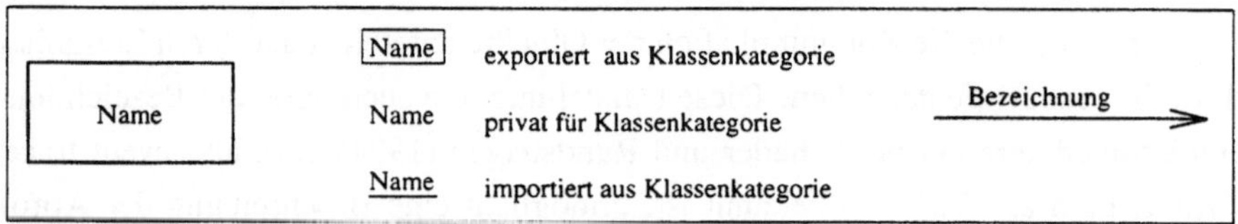

Abbildung 2.8: Notation für Klassenkategorien nach Booch (1991)

stark an das klassische Wasserfallmodell angelehnt sind. Die „Phasen" des Makroprozesses sind:

- Konzeptentwurf,

- Analyse,

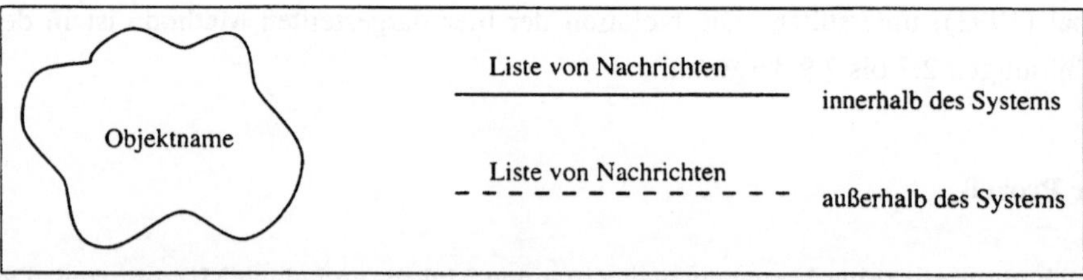

Abbildung 2.9: Objekte und Beziehungen zwischen Objekten nach Booch (1991)

- Design,

- Entwicklung,

- Wartung.

Innerhalb jedes dieser Schritte wird der in Anlehnung an das Spiralenmodell strukturierte Mikroprozeß beliebig oft durchlaufen. Der Mikroprozeß besteht aus den folgenden vier Hauptschritten (vgl. Booch (1994*b*), S. 235):

- Identifizieren von Klassen und Strukturen,

- Festlegen der Semantik gefundener Klassen und Objekte,

- Identifizieren der Beziehungen zwischen Klassen und Objekten,

- Implementieren von Klassen und Objekten.

Abbildung 2.10 skizziert den Analyseprozeß und die dabei erzeugten Dokumente für die Analysephase des Makroprozesses. Die Pfeile stellen die Richtung dar, in der Informationen fließen. Mit Pfeilen, die in beide Richtungen zeigen, wird ein Informationsaustausch modelliert. Dieser findet beispielsweise statt, wenn bei der Tätigkeit Identifizieren der Beziehungen zwischen Klassen und Objekten die Einträge aus dem Data Dictionary gelesen und eventuell verfeinert oder verändert wieder zurückgeschrieben werden.

Kritik

Ackroyd und Daum (1991), die eine grafische Notation für objektorientierte Analyse und Design mit der Zielsprache C++ vorschlagen, weisen darauf hin, daß sowohl für die Anzahl unterschiedlicher Klassen eines modellierten Teilsystems als auch für die Anzahl verwendeter Symbole in einer Analysemethode ein Richtwert von 5–9 gilt. Hieraus läßt sich auch ein Kritikpunkt an der hier vorgestellten Methode begründen. Erfahrungen mit der Anwendung der Booch-Methode in Analyse und Design haben gezeigt, daß Entwickler erhebliche Schwierigkeiten mit der Komplexität der Methode hatten. Entschärft wird dieser Kritikpunkt durch die eigentliche Ausrichtung der Methode auf das Systemdesign für die Programmiersprache C++. Die Komplexität erwächst aus der Notwendigkeit, die Konstrukte der Programmiersprache in der grafischen Notation auszudrücken (zur Methodenkomplexität siehe auch Fowler (1992)).

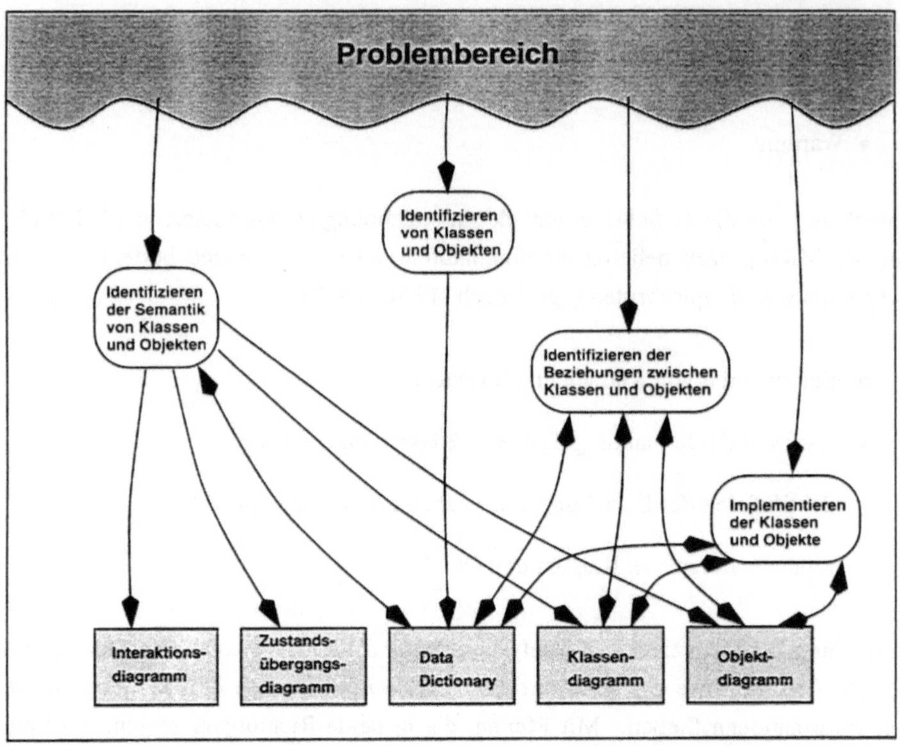

Abbildung 2.10: Vorgehensweise beim OOD nach Booch

Weitere Schwächen der Methode sind die mangelnde grafische Darstellung von Attributen und Methoden, die zwingend nur im Data Dictionary abgelegt sind. Die Struktur
der Klassen ist wegen des fehlenden statischen Modells nur schwer zu beschreiben
(vgl. hierzu Stein (1994)).

2.2.2   Objektorientierte Analyse nach Shlaer und Mellor

Die in Shlaer und Mellor (1988) und (1992) vorgestellte Methode zur objektorientierten Systemanalyse ist eine Weiterentwicklung der ER-Modellierung nach Chen
(1976). Allgemein wird dieser Ansatz als die erste objektorientierte Analysemethode
angesehen (vgl. hierzu de Champeaux (1991)), obwohl es Vorschläge für die Verwendung objektorientierter Abstraktionsmechanismen schon seit Mitte der achtziger
Jahre gibt (früh publizierte Ansätze waren beispielsweise die von Loomis *et al.* (1987),
Booch (1986) oder Buhr (1984)).

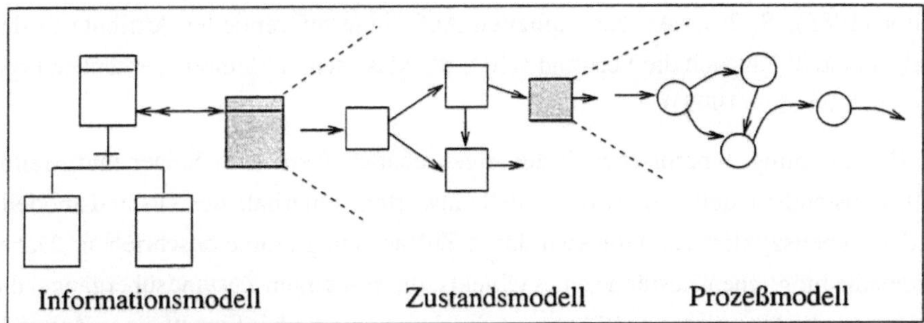

Abbildung 2.11: Zusammenhang der drei Systemmodelle bei Shlaer und Mellor

Konzepte und Dokumente

Der ursprüngliche Schwerpunkt dieser Methode liegt hauptsächlich in der Beschreibung der statischen Systemeigenschaften. Zur Durchführung der Analyse wird der zu analysierende Realweltausschnitt in sog. Domains und diese wiederum in Subdomains (Subsysteme) aufgeteilt. Für jede Subdomain werden in der Systemanalysephase drei Teilmodelle erstellt:

- Das Informationsmodell, das mit der Beschreibung statischer Systemeigenschaften das Kerndokument dieses Ansatzes darstellt,

- das Zustandsmodell, das die Systemdynamik abbildet

  und

- das Prozeßmodell zur Darstellung der Kontrollflüsse innerhalb des Systems.

Die Abbildung 2.11 veranschaulicht den Zusammenhang der drei Modelle, die bei Durchführung der Systemanalyse nach Shlaer und Mellor entworfen werden.

Im Rahmen der Informationsmodellierung wird die Darstellung von Klassen und Beziehungen ausführlich erörtert. Neben der Generalisierungs-/Spezialisierungsstruktur werden noch zehn weitere Beziehungsarten nach Kardinalität unterschieden. Klassen und Relationen werden in gesonderten Klassen- bzw. Relationenspezifikationen detailliert beschrieben.

Die Attribute lassen sich in drei Kategorien einteilen. In deskriptive Attribute, die die charakteristischen Eigenschaften eines Objekts beschreiben, in Namensattribute zur Unterscheidung von Objekten gleichen Typs und in sog. referentielle Attribute, über die sich Beziehungen zwischen Objekten modellieren lassen (vgl. Shlaer und

Mellor (1988), S. 29). An der expliziten Aufnahme referentieller Attribute in das Analysemodell läßt sich die Verwandtschaft mit klassischen Methoden erkennen (vgl. dazu auch Fowler (1992)).

Zur Beschreibung dynamischer Systemeigenschaften werden in Shlaer und Mellor (1992) Zustandsmodell und Prozeßmodell entworfen. Innerhalb des Zustandsmodells werden Lebenszyklen von Objekten durch Zustandsdiagramme beschrieben. Dabei werden die möglichen Zustände eines Objekts, die zulässigen Zustandsübergänge, die Ereignisse, die Übergänge auslösen, und die Aktionen, die bei Eintritt eines Zustands ausgeführt werden, spezifiziert. Hilfsdokumente bei der Erstellung eines Zustandsdiagramms sind die Ereignisliste und die Zustandsübergangstabelle. Alle innerhalb des Systems auftretenden und von außen in das System eingehenden Ereignisse werden in die Ereignisliste eingetragen. Die Zustandsübergangstabelle enthält sämtliche erlaubten Übergänge zwischen jeweils zwei Objektzuständen. Zur Darstellung der Objektkommunikation wird mit Hilfe der identifizierten Ereignisse das Objektkommunikationsmodell aufgebaut.

Der Kontroll- und Datenfluß innerhalb des Gesamtsystems wird im Rahmen des Prozeßmodells mit Hilfe von Aktionen-Datenfluß-Diagrammen modelliert. Hier wird jede Aktion des Zustandsmodells mit Hilfe von Prozessen und Dateien definiert. Dabei werden eine Zustandsprozeßtabelle, die für jeden Zustand die zugehörigen Aktionen angibt, und ein Objektzugriffsmodell als Hilfsdokumente generiert. Abbildung 2.12 zeigt die Notation des Informationsmodells von Shlaer und Mellor.

Die Informationsmodellierung nach Shlaer und Mellor war eine der ersten objektorientierten Analysemethoden, die durch CASE-Tools unterstützt wurde, als Beispiele seien hier nur die Produkte team*work* (CADRE Technologies (1990)) und *ObjectMaker* (Mark V Systems (1994)) genannt.

Der Prozeß

Eine genaue Vorgehensweise zum Entwurf des Informationsmodells wird nicht angegeben; lediglich Hilfestellungen bei der Identifikation von Objekten und beim Auffinden von Attributen werden dem Anwender gegeben. Bei der Identifikation der verschiedenen Objekte sollte der Analytiker von folgenden Anhaltspunkten ausgehen (vgl. Shlaer und Mellor (1988), S. 17 ff.):

1. Sachgegenstände, wie z.B. ein Buch oder ein Auto,

2. Rollen, wie z.B. Angestellter oder Eigentümer,

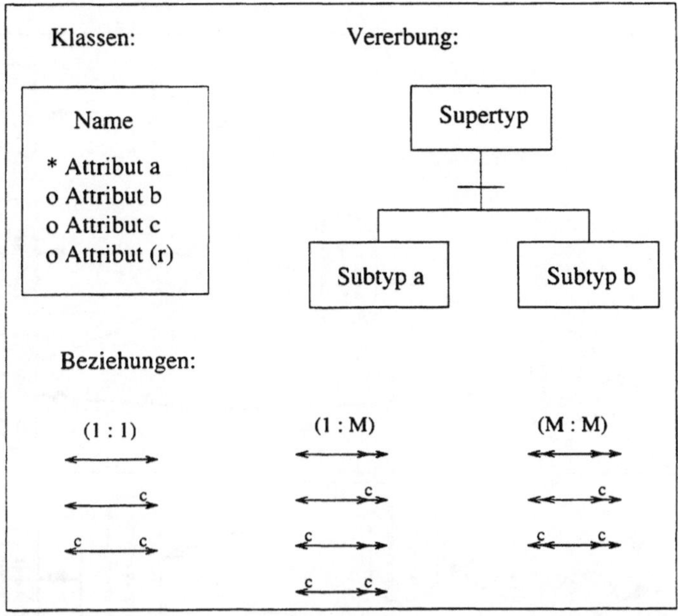

Abbildung 2.12: Notation der Methode nach Shlaer und Mellor

3. Ereignisse, wie z.B. ein Flug oder ein Unfall,

4. Interaktionen, wie z.B. ein Vertrag,

5. Spezifikationen, wie z.B. eine Gerätebeschreibung.

Für die ermittelten Klassenkandidaten werden nun Attribute identifiziert und Vererbungsstrukturen sowie Beziehungen eingeführt. Diese Schritte erfolgen i.a. nach der Bildung von Subsystemen.

Beim Entwurf des Zustandsmodells werden zunächst aus der Problembeschreibung Ereignisse festgelegt sowie für die Objekte der gefundenen Klassen gültige Zustände definiert. Anschließend werden den Zuständen Aktionen zugeordnet, mit Hilfe derer nun die Zustandsdiagramme konstruiert werden können. Im Anschluß an die Zustandsmodellierung werden die Aktionen in einzelne Prozesse zerlegt, die danach zur Prozeßmodellierung eingesetzt werden. Abbildung 2.13 skizziert den Analyseprozeß der hier vorgestellten Methode. Durch die gestrichelten Pfeile wird ein Informationsfluß bzw. -austausch zwischen Teilmodellen einer Methode dargestellt.

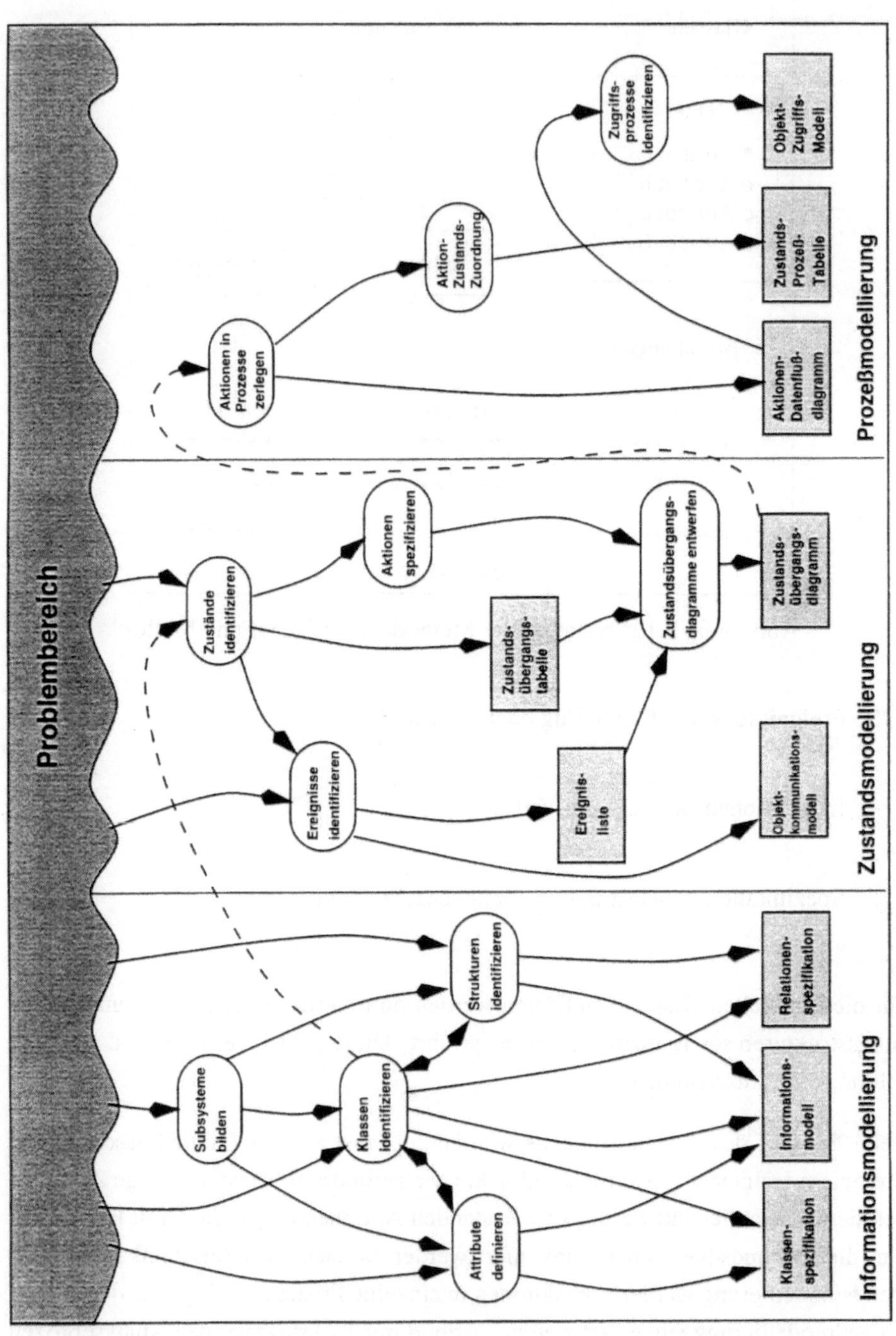

Abbildung 2.13: Vorgehensweise bei der Methode nach Shlaer und Mellor

Kritik

Aufgrund der frühen Etablierung der in diesem Abschnitt dargestellten Methode existieren Ansätze zur ihrer Anwendung in Verbindung mit vielen Programmiersprachen. Als Beispiel sei hier der Vorschlag von Anderson *et al.* (1989) genannt, der eine Transformation der Ergebnisse in die Programmiersprache Ada vorsieht. Weiterentwicklungen der Methode von Shlaer und Mellor wurden beispielsweise von de Champeaux und Olthoff (1989) veröffentlicht, die neben Erweiterungen des Informations- und des Zustandsmodells noch ein zusätzliches Interfacemodell zur Beschreibung der Benutzerschnittstelle vorschlagen.

Die Hauptkritik an der Methode nach Shlaer und Mellor richtet sich auf die fehlende Modellierung von Methoden. Das statische Analysemodell ist prinzipiell ein Entity-Relationship-Diagramm, da sowohl die Aufnahme von Funktionalität in die Klassen als auch die Möglichkeit zur Darstellung von Aggregationen fehlen. Außerdem werden Systemfunktionen, die in den anderen Teilmodellen festgelegt werden, nicht den Klassen zugeordnet.

Die Übernahme der Ergebnisse aus der Analyse- in die Designphase erfolgt unter Einsatz der Designmethode OODLE (**O**bject **O**riented **D**esign Languag**E**), wie sie in Shlaer *et al.* (1991) beschrieben wird. Dies hat einen durch die Verwendung anderer Konzepte und einer anderen Notation bedingten Methodenbruch zur Folge. Die hier vorgestellte Analysemethode besitzt somit teilweise dieselben Defizite wie die klassischen Methoden (vgl. zu dieser Beurteilung auch Monarchi und Puhr (1992)).

Aus den aufgeführten Kritikpunkten wird deutlich, warum eine Vielzahl von Autoren diesen Ansatz nicht als „echte" objektorientierte Analysemethode einstuft (vgl. hierzu Stein (1994) oder Schäfer (1994)).

2.2.3 Objektorientierte Analyse nach Coad und Yourdon

Der 1989 erstmals vorgestellte Ansatz zur objektorientierten Analyse (OOA) sieht die Beschreibung eines Systems in fünf Schichten mit unterschiedlichem Abstraktionsgrad vor.

Konzepte und Dokumente

In der Klassenschicht werden Klassen gleichartiger Objekte gebildet. In der Strukturschicht werden Klassen bzw. Objekte mittels Generalisierungs-/Spezialisierungsstruk-

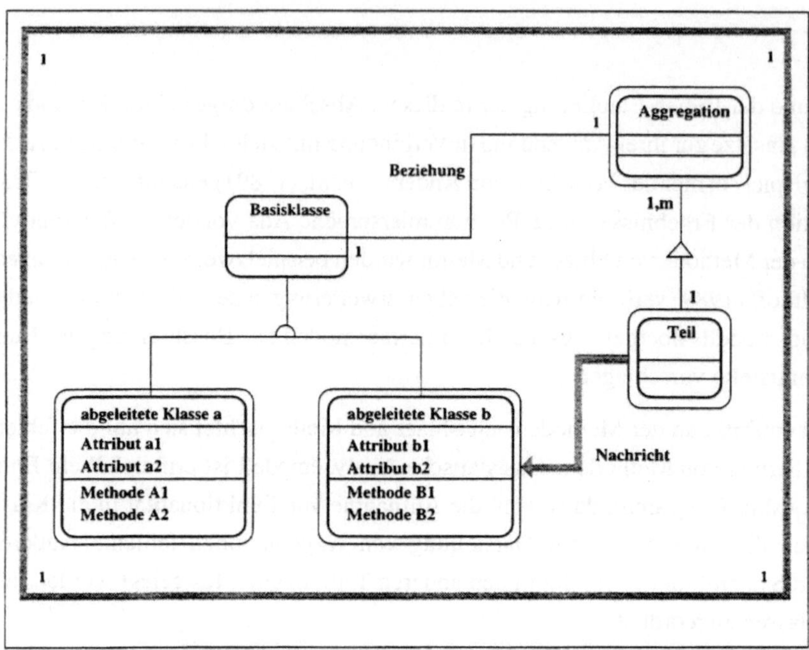

Abbildung 2.14: Notation nach Coad und Yourdon

turen sowie Aggregations–/Zerlegungsstrukturen miteinander in Beziehung gesetzt.
Innerhalb der Attributschicht werden die Eigenschaften der Objekte jeder Klasse und
die Beziehungen zwischen einzelnen Instanzen, wie sie beispielsweise auch in der
ER-Modellierung auftreten, festgelegt. (Coad und Yourdon verwenden die Begriffe
Objekt und Instanz synonym für die Elemente einer Klasse.) Die Methoden jeder
Klasse werden in der Methodenschicht spezifiziert. Bei großen Systemen werden im
Rahmen der Subjektschicht jeweils mehrere Klassen, die sich einem gemeinsamen
Oberbegriff zuordnen lassen, zu Subjekten zusammengefaßt. Für die Aggregations-
/Zerlegungsbeziehung und für die Objektbeziehungen ist die Angabe von Kardina-
litäten vorgesehen. Abbildung 2.14 zeigt die Notation aller Modellierungskonstrukte
der fünf Schichten.

Im Gegensatz zu der Mehrzahl der bis heute bekannten objektorientierten Analy-
seansätze verwenden Coad und Yourdon zur Beschreibung eines Systems nur ein
einziges Modell, das sowohl statische Elemente (Klassen und Beziehungen) als auch
dynamische Elemente (Objekte und Nachrichten) enthält.

Jede Klasse des Analysemodells wird in einer Klassenspezifikation detailliert beschrieben. In dieser Spezifikation werden alle definierten Attribute bezüglich ihrer
Maßeinheit, ihres Wertebereiches, der Genauigkeit, der Initialisierung mit Standard-

werten etc. beschrieben. Weiterhin enthält die Klassenspezifikation Angaben über Ein- oder Ausgaben durch externe Geräte, wie z.B. Sensoren. Mit stark vereinfachten Zustandsdiagrammen, in denen nur die Namen der Zustände und die unspezifizierten Übergänge enthalten sind, werden jeweils die im Rahmen des zu modellierenden Systems relevanten Objektzustände und erlaubte Übergänge zwischen diesen Objektzuständen dargestellt.

Den Abschluß der Klassenspezifikation bildet eine Beschreibung der Methoden, die entweder mit Pseudocode verbal spezifiziert werden sollten oder grafisch beispielsweise mit Hilfe von Struktogrammen dargestellt werden. Coad und Yourdon (1991*a*) unterscheiden zwischen algorithmisch einfachen Methoden, die lediglich zur Abfrage oder zum Setzen von Attributwerten, zum Aufbau oder Abbau von Beziehungen oder zum Erzeugen bzw. Löschen von Objekten dienen, und algorithmisch komplexen Methoden, in denen beispielsweise die Werte von Attributen neu berechnet werden. Nur die letzteren müssen in das Klassendiagramm und in die Klassenspezifikation aufgenommen werden. Diese Unterteilung der Methoden ist durchaus üblich, so sprechen Beynon-Davies (1992) etwa von primären und sekundären Methoden.

Die objektorientierte Analyse nach Coad und Yourdon wird inzwischen von einigen CASE-Tools wie beispielsweise Together/C++ (Object International (1994)) und dem *ObjectMaker* (Mark V Systems (1994)) sowie einer Vielzahl anderer Werkzeuge unterstützt. Aufbauend auf den Ergebnissen der Analysephase wird in einer eigens entwickelten Designmethode das Systemdesign in vier verschiedenen Komponenten beschrieben (vgl. dazu Coad und Yourdon (1991*b*)).

Vorgehensweise

Die einzelnen Schichten kann man sich am ehesten wie übereinander gelegte Folien vorstellen, wobei der Abstraktionsgrad von den Subjekten hin zu den Methoden abnimmt. Für die in Abbildung 2.15 dargestellte Vorgehensweise bei der objektorientierten Analyse wird folgende Reihenfolge vorgeschlagen:

1. Festlegen von Klassen und Objekten,

2. Identifizieren von Strukturen,

3. Definieren von Subjekten,

4. Definieren von Attributen,

5. Definieren von Methoden.

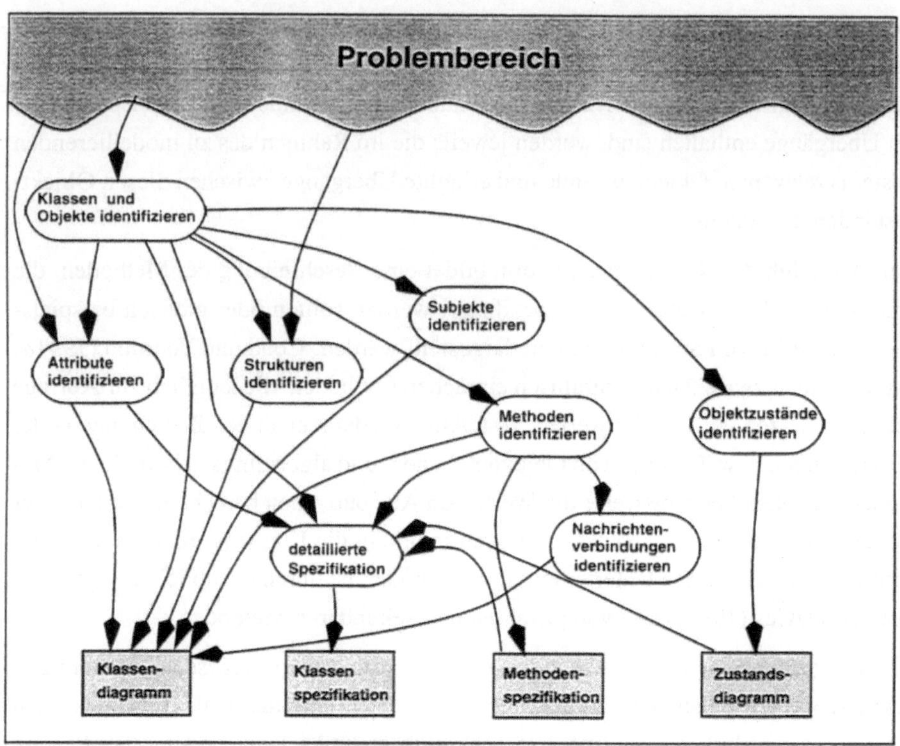

Abbildung 2.15: Vorgehensweise bei der OOA

Kritik

Die weite Verbreitung dieser Methode in der Praxis ist zu einem großen Teil auf deren
einfache Handhabung zurückzuführen. Anwendungen sind beispielsweise in Marx
und Rundshagen (1992) oder Back-Hock und Zäh (1992) bzw. Back-Hock (1994)
beschrieben. Die einfache Handhabung aufgrund der mit wenigen Symbolen und mit
nur einem Analysemodell auskommenden Notation ist sowohl stärkster Vorteil als
auch gravierendster Nachteil der OOA (vgl. hierzu auch Fowler (1992) oder Heß und
Scheer (1992)). Der Ansatz wird als nicht mächtig genug zur Modellierung komplexer
Anwendungssysteme angesehen.

Ein weiterer Nachteil liegt in der nur ungenügend vorhandenen Modellierung von
Objektlebenszyklen, die bei Coad und Yourdon (1991a) mit einem im Verhältnis zu
anderen Methoden stark vereinfachten Zustandsdiagramm beschrieben werden (vgl.
dazu Stein (1993)).

2.2.4 Objektorientierte Modellierung nach Rumbaugh

Die in Rumbaugh *et al.* (1991) erstmals vollständig beschriebene Methode „Object Modeling Technique" kombiniert wie kaum eine andere objektorientierte Analyse- bzw. Designmethode sog. klassische Analysewerkzeuge für die objektorientierte Systemanalyse.

Konzepte und Dokumente

Bei einer Systemanalyse mit Hilfe der Object Modeling Technique (OMT) werden drei Teilmodelle zur Beschreibung des zu modellierenden Realweltausschnitts entworfen.

Im Objektmodell werden die Datenstrukturen und die statischen Systemeigenschaften abgebildet. Eine Beschreibung der dynamischen Systemeigenschaften erfolgt im dynamischen Modell. Die Systemfunktionalität schließlich wird im Funktionalitätsmodell dargestellt. Für den Entwurf der oben genannten Modelle stellt die Methode nach Rumbaugh jeweils eine ausführliche Notation zur Verfügung.

Für die Modellierung der Zusammenhänge zwischen den Klassen des Objektmodells kennt die OMT drei verschiedene Arten von Beziehungen. Die Generalisierung, die zur Darstellung von Vererbungshierarchien verwendet wird, die Aggregation und die Assoziation. Neben der Angabe eines sogenannten Diskriminators, der angibt aufgrund welcher Eigenschaften eine Klasse abgeleitet wird, können im Objektmodell auch disjunkte Ableitungen von nicht disjunkten unterschieden werden. Die Assoziationen bilden die aus der ER-Modellierung bekannten Beziehungen ab. Zur Beschreibung der Assoziationen sind Beziehungsattribute darstellbar, aus der Beziehung wird dann eine Klasse.

Das dynamische Modell bildet die Kontrollstrukturen des Systems ab. Für die Erstellung von Zustandsdiagrammen werden Szenarios und Ereignisfolgediagramme sowie Ereignisflußdiagramme als Hilfsdokumente angefertigt. Rumbaugh *et al.* (1991) lassen in Zustandsdiagrammen sowohl generalisierte als auch aggregierte Zustände zu. Unterscheiden sich mehrere Zustände eines Objekts nur unwesentlich, dann kann die in allen betrachteten Zuständen gemeinsam enthaltene Information durch einen generalisierten Zustand beschrieben werden. Aggregierte Zustände werden eingeführt, falls eine Teilmenge von Objektzuständen zu einem einzigen Zustand zusammengefaßt werden kann (vgl. zu dieser Art der Zustandsdiagramme auch Harel (1987)). Das funktionale Modell besteht aus mehreren Datenflußdiagrammen nach DeMarco (1979).

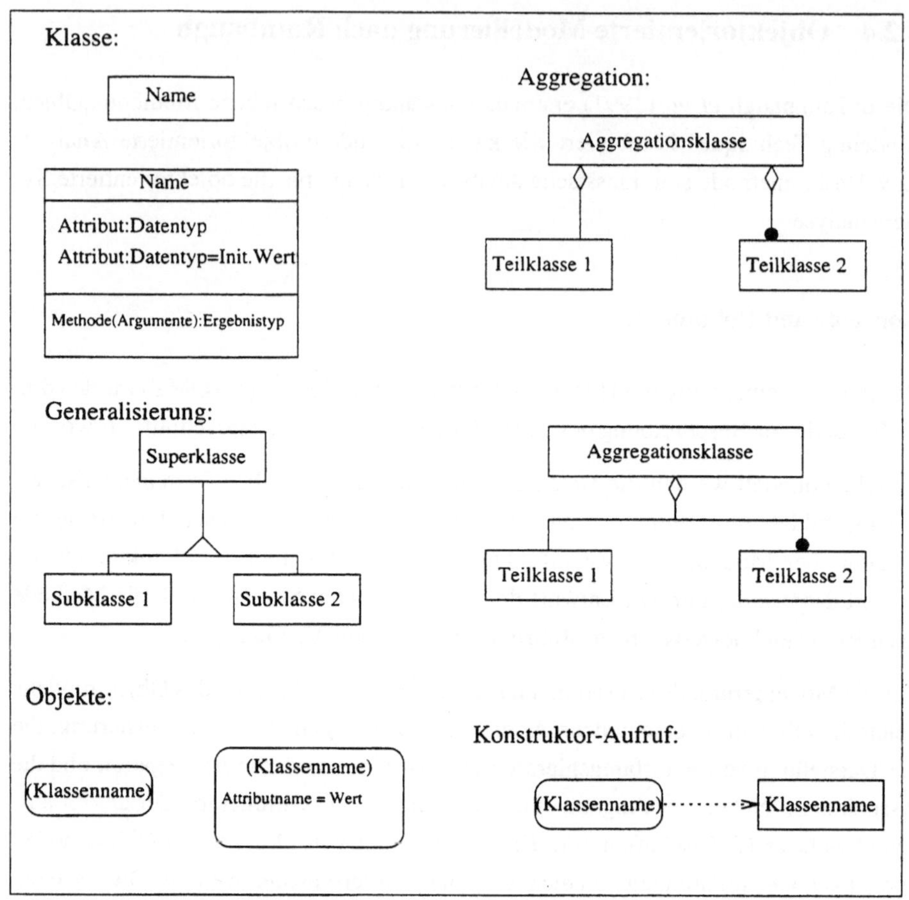

Abbildung 2.16: Notation nach Rumbaugh et al. (1991) (Teil 1)

Bemerkenswert ist die Behandlung ableitbarer Informationen in der hier vorgestellten Methode. Es wird explizit zwischen sog. Basisinformation und abgeleiteter Information, die implizit im Modell enthalten ist, unterschieden. Entgegen den meisten anderen Methoden gibt es jedoch in der OMT spezielle Konstrukte zur Modellierung der abgeleiteten Informationen (ausführlich behandelt wird dieses Thema bei Rumbaugh (1992a)).

Die in den Abbildungen 2.16 und 2.17 vorgestellten Basiskonzepte der Notation des Objektmodells werden in Rumbaugh *et al.* (1991) noch um sog. Advanced Concepts, die u.a. Konstrukte zur Modellierung von multipler Vererbung, Generalisierungseigenschaften, abgeleiteten Attributen etc. zur Verfügung stellen, erweitert.

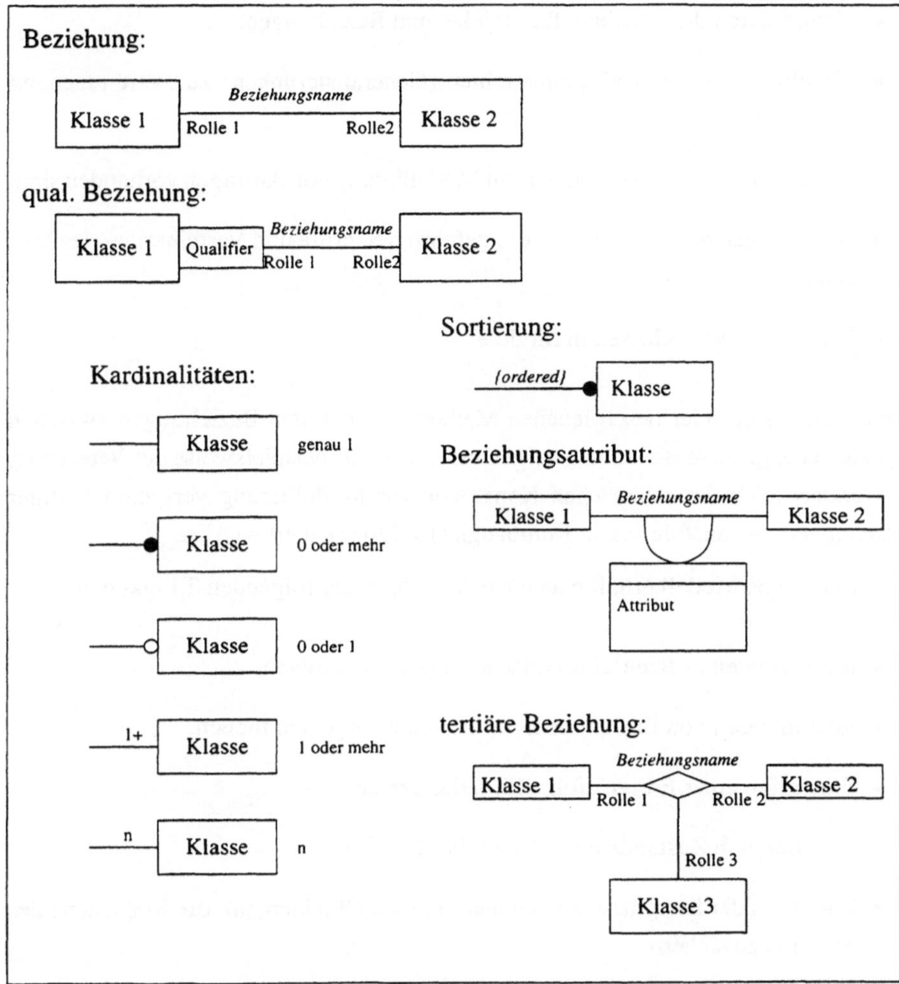

Abbildung 2.17: Notation nach Rumbaugh et al. (1991) (Teil 2)

Der Prozeß

Zur Vorgehensweise bei der Erstellung der drei Systemmodelle werden detaillierte Hinweise gegeben. So sollte der Entwurf des Objektmodells in folgenden Schritten geschehen:

- Identifizieren von Klassen und Objekten,

- Anfertigen eines Data Dictionary,

- Identifizieren von Beziehungen (auch Aggregationen) zwischen Objekten,

- Identifizieren der Attribute für Objekte und Beziehungen,

- Einführen von Vererbungshierarchien (Generalisierungen) zur Vereinfachung des Modells,

- Sicherstellen, daß Beziehungen zur Modellierung von Anfragen vorhanden sind,

- Wiederholen der bis hierher durchgeführten Schritte und Verfeinerung des Modells,

- Gruppieren von Klassen in Module.

Interessant bei der hier beschriebenen Methode ist, daß den Beziehungen zwischen Objekten eine größere Bedeutung beigemessen wird als beispielsweise der Vererbung. Dies erklärt auch die zahlreichen Konstrukte zur Modellierung verschiedenartiger Beziehungen, die ausführlich in Rumbaugh (1992*b*) erläutert werden.

Das dynamische Modell erhält man nach Ausführen der folgenden Tätigkeiten:

- Entwerfen eines Szenarios typischer Interaktionsfolgen,

- Identifizieren von Ereignissen, die zwischen Objekten fließen,

- Entwerfen einer Ereignisfolge für jedes Szenario,

- Erstellen von Zustandsdiagrammen für die Objekte,

- Zuordnen der Ereignisse zu den betreffenden Objekten, um die Konsistenz des Systems zu sichern.

Im Rahmen der funktionellen Modellierung werden nach Rumbaugh et al. die folgenden Schritte notwendig:

- Identifizieren der Ein- und Ausgabedaten,

- Entwerfen von Datenflußdiagrammen, um funktionale Abhängigkeiten aufzuzeigen,

- Spezifizieren der benötigten Funktionen,

- Identifizieren von eventuell bestehenden Beschränkungen,

- Spezifizieren von Optimierungskriterien.

Die drei Modelle des zu entwickelnden Systems werden ohne Informationsverlust in die Designphase übernommen und in Abhängigkeit der späteren Implementierungssprache weiter detailliert. Zur Integration der drei Teilmodelle schlägt Rumbaugh (1991) vor, die Übertragung der aus dynamischer und funktionaler Analyse gewonnenen Methoden in das Objektmodell vorzunehmen.

Wie die drei bisher vorgestellten Ansätze wird auch die OMT von mehreren CASE-Tools unterstützt, z.B. durch das Werkzeug *ObjectMaker* (Mark V Systems (1994)). Abbildung 2.18 zeigt die teilweise zusammengefaßten Schritte der Vorgehensweise und die erzeugten Dokumente.

Kritik

Der schwerwiegendste Mangel der Methode ist die fehlende Integration der einzelnen Teilmodelle, die in Rumbaugh *et al.* (1991) nur oberflächlich und vage beschrieben wird (Fowler (1992)). Die Kombination eingeführter und mächtiger klassischer Analyseverfahren führt dazu, daß die einzelnen Teilmodelle sehr komplex werden. So bemängeln beispielsweise Schäfer (1994) oder Schader und Rundshagen (1994) insbesondere die Verwendung von Datenflußdiagrammen zur Modellierung der Systemfunktionalität als besonders ungeeignet.

2.2.5   Die Methode nach Martin und Odell

Martin und Odell (1992) unterscheiden explizit zwischen statischen und dynamischen Aspekten der Software-Entwicklung. Dementsprechend unterteilt sich ihre Methode in Strukturanalyse und -design („Object Structure Analysis" (OSA) bzw. „Object Structure Design" (OSD)) und Verhaltensanalyse und -design („Object Behavior Analysis" (OBA) bzw. „Object Behavior Design" (OBD)). Die Methode wurde erstmals in Odell (1991) beschrieben und stellt eine Weiterentwicklung des in Martin und McClure (1985) beschriebenen Ansatzes zur strukturierten Analyse bzw. zum strukturierten Design dar.

Konzepte und Dokumente

Bei der Methode nach Martin und Odell besteht ein Analyseergebnis aus folgenden vier Teilmodellen:

1. Objektschema,

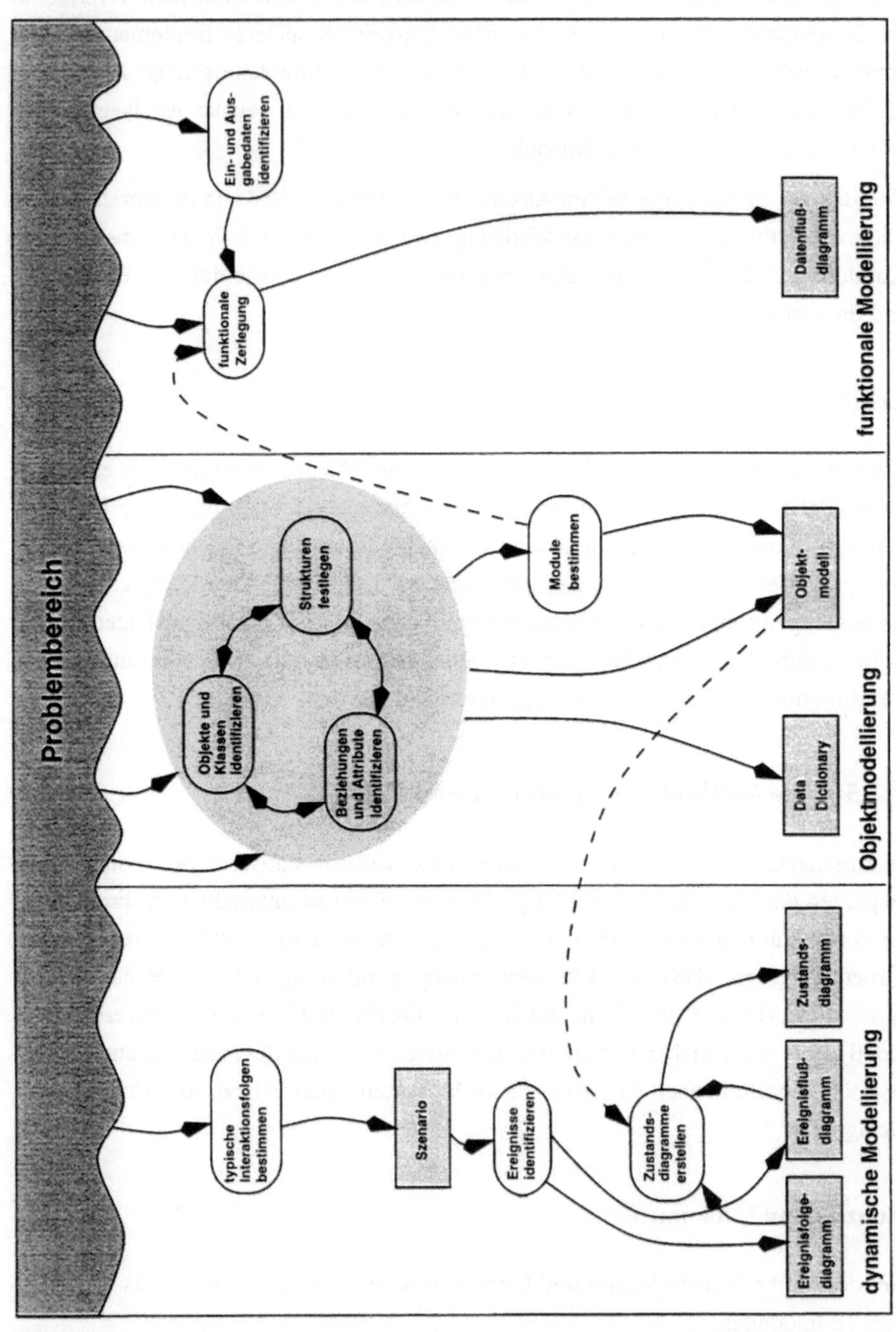

Abbildung 2.18: Vorgehensweise bei der Methode von Rumbaugh

2. Ereignisschema,

3. Zaundiagramm,

4. Objektflußdiagramm.

Das Objektschema ist das Ergebnis der OSA, es enthält die identifizierten Klassen, die hier als Objekttypen bezeichnet werden, und ihre Struktur. Der hier vorgestellte Ansatz kennt wie die meisten objektorientierten Analysemethoden die Konzepte der Vererbung und der Aggregation. Die ausschließlich binären Beziehungen entsprechen den Relationen des klassischen ER-Ansatzes (vgl. hierzu auch Odell (1992)).

Die Modellierung von Methoden und Nachrichten erfolgt in Ereignisschemata unter besonderer Berücksichtigung von Auslöseregeln, die Ursache und Wirkung von Operationen bestimmen. Im Ereignisschema werden auch Aktivitäten, die Operationen, Prozesse, Prozeduren oder Methoden sein können, dargestellt.

Zaundiagramme sind eine besondere Darstellungsform von Zustandsdiagrammen, die dargestellte Information ist jedoch identisch. Sie dienen zur Darstellung von Objektlebenszyklen. Jeder Zustand, den ein Objekt während seiner Lebensdauer annehmen kann, wird mit allen in den Zustand überführenden und aus ihm herausführenden Zustandsübergängen dargestellt. Ein Zaundiagramm wird für jede Klasse, deren Objekte ein interessantes Verhalten aufweisen, angefertigt.

Das Objektflußdiagramm steht auf einem höheren Abstraktionsniveau als die drei vorhergehenden Diagramme. Ojektflußdiagramme sind an objektorientierte Grundkonstrukte angepaßte Datenflußdiagramme der klassischen strukturierten Analyse, wie sie seit DeMarco (1979) bekannt ist. Jetzt fließen anstatt der Daten Objekte bzw. Teilobjekte.

Die Abbildungen 2.19 und 2.20 zeigen die Notation wie sie Martin und Odell (1992) verwenden.

Vorgehensweise

Die Objekt-Struktur-Analyse erfolgt in drei Schritten. Zunächst werden Klassenkandidaten und deren Beziehungen untereinander identifiziert. Im zweiten Schritt werden Vererbungshierarchien definiert, bevor im letzten Schritt die Aggregationsstrukturen festgelegt werden.

Bei der Objekt-Verhaltens-Analyse schlagen Martin und Odell (1992) (S. 376 f) vor, nach folgendem Schema zu verfahren:

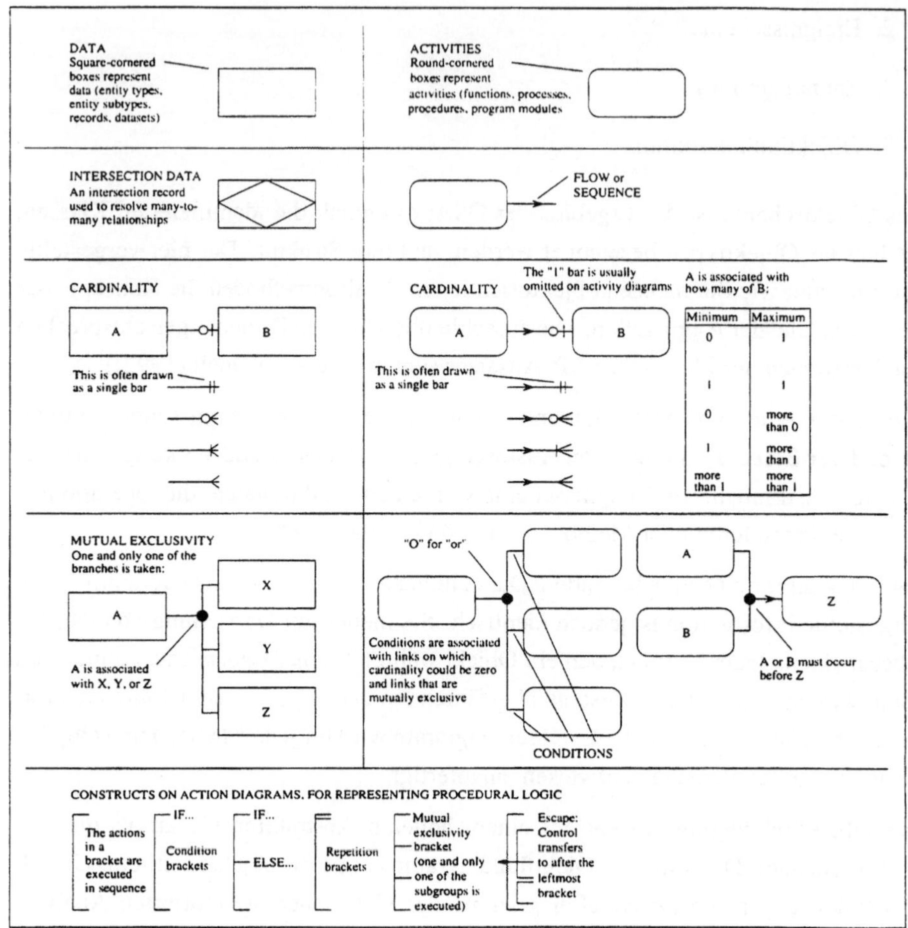

Abbildung 2.19: Notation nach Martin und Odell (1992) (Teil 1)

- Ereignisse präzisieren;

  hierbei werden die vor und die nach einem Ereignis gültigen Zustände der betroffenen Objekte festgelegt.

- Generalisieren von Ereignissen;

  ähnlich den Vererbungshierarchien im Objektschema werden gleichartige Ereignisse in einem generellen Ereignis zusammengefaßt, für dieses Ereignis ist der vorhergehende Schritt zu wiederholen.

- Bedingungen für Operationen definieren.

- Auslösende Ereignisse für Operationen festlegen.

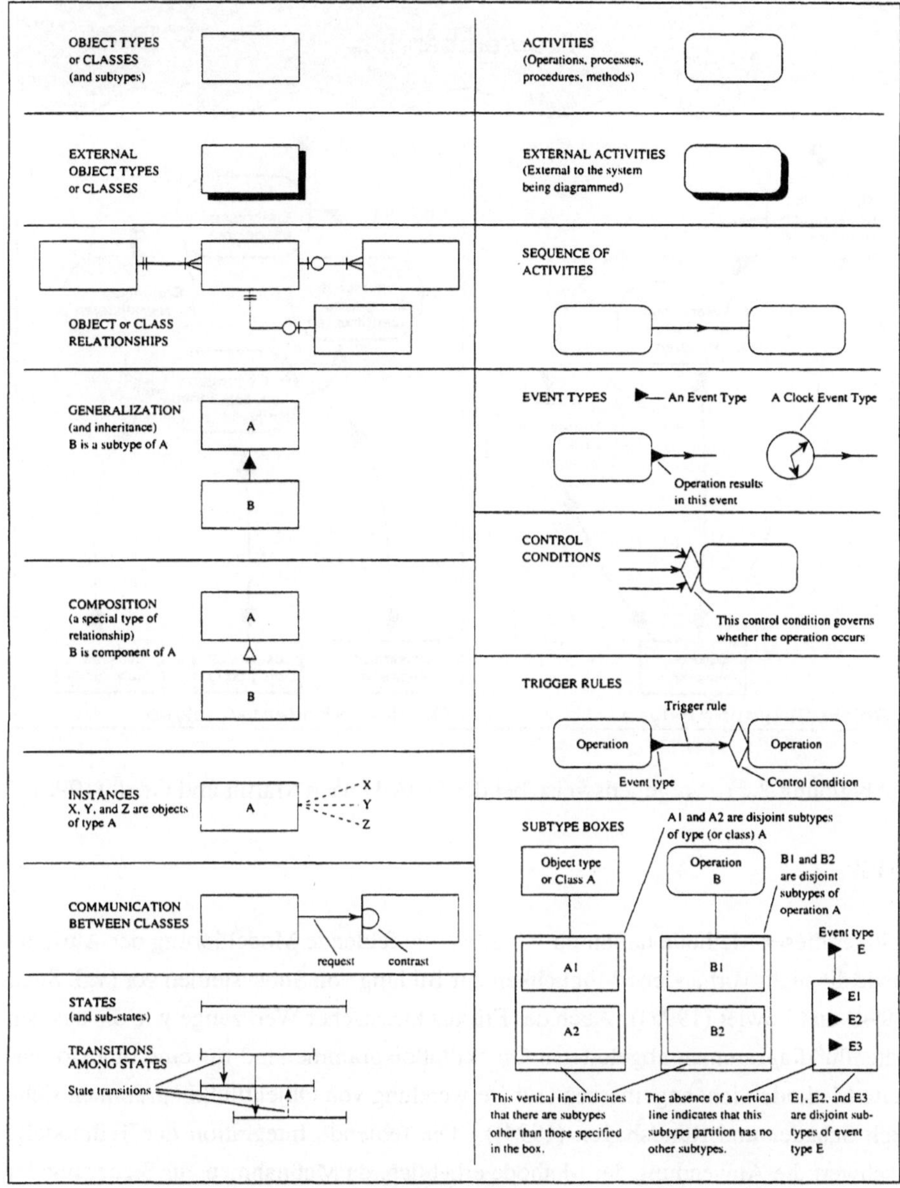

Abbildung 2.20: Notation nach Martin und Odell (1992) (Teil 2)

- Die Ergebnisse der vier Schritte verfeinern.

Abbildung 2.21 skizziert den Zusammenhang der einzelnen Vorgehensschritte und der Dokumente.

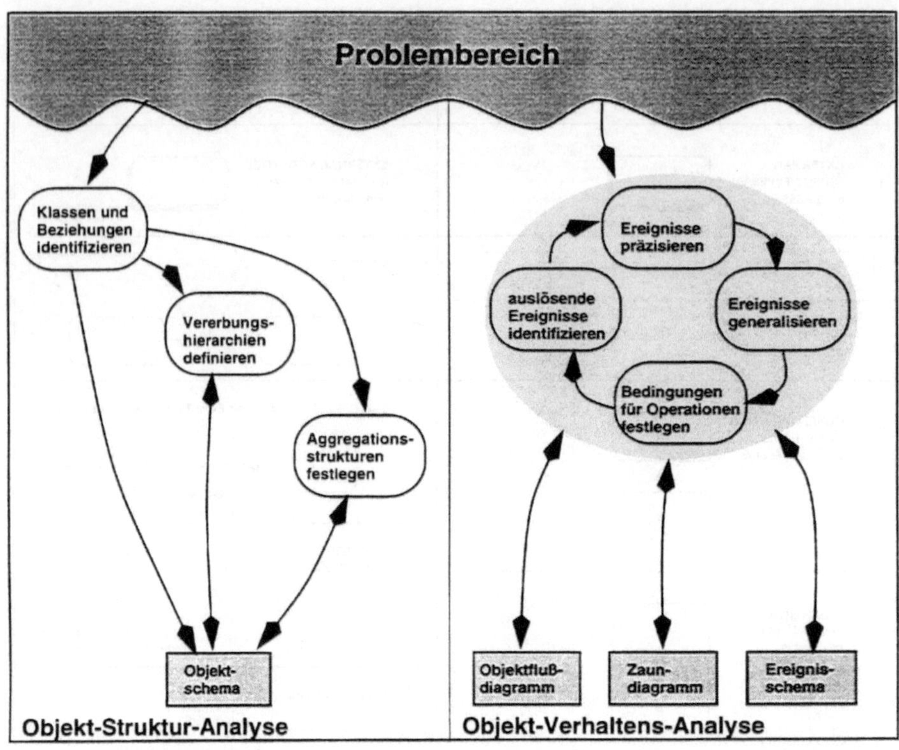

Abbildung 2.21: Vorgehensweise bei der OOA/D nach Martin und Odell (1992)

Kritik

Kritiker dieser Methode halten ihr vor allem die fehlende Modellierung der Attribute
sowie die nicht vorhandene Möglichkeit zur Bildung von Subsystemen vor (vgl. Stein
(1994) und Fowler (1992)). Auch der Einsatz klassischer Werkzeuge wie die aus den
Datenflußdiagrammen abgeleiteten Objektflußdiagramme sind für eine objektorientierte Methode nicht angemessen (zur Verwendung von Objektflußdiagrammen siehe
auch Schader und Rundshagen (1994)). Die fehlende Integration der Teilmodelle
erschwert die Anwendung der Methode erheblich, da Maßnahmen zur Sicherung der
Konsistenz des Gesamtmodells nur schwer und nicht automatisiert durchführbar sind.

2.2.6   Objektorientiertes Softwareengineering nach Jacobson

Das „Object Oriented Software Engineering" (OOSE) nach Jacobson *et al.* (1992)
ist eine seit Ende der sechziger Jahre entwickelte Methode, die ursprünglich für den

Entwurf von Telekommunikationssystemen konzipiert wurde. Sie unterscheidet sich von den anderen bis hierher vorgestellten Ansätzen dadurch, daß als erster Schritt in der Analyse sog. „Use Cases" erstellt werden. Diese beschreiben typische Anwendungsfälle, wie sie sich der zukünftige Benutzer des Systems wünscht.

Konzepte und Dokumente

In der Systemanalyse werden zwei verschiedene Modelle erstellt:

- das Anforderungsmodell (Requirements Model) mit den Teilmodellen Problembereichsmodell, Anwendungsfallmodell sowie Schnittstellenmodell

  und

- das Analysemodell (Analysis Model).

Das Anforderungsmodell bildet die vom Anwender gewünschte Systemfunktionalität ab und besteht aus drei Teilmodellen. Im Problembereichsmodell werden die potentiellen Klassen des Problembereichs abgebildet. Das Anwendungsfallmodell enthält die aus den Anwendungsfällen abgeleitete Systemfunktionalität, wie sie von Benutzern bzw. externen Systemen gesehen wird. Das Schnittstellenmodell ist das letzte Teilmodell des Problembereichs und zeigt die Konzeption oder sogar einen Prototyp der späteren Benutzerschnittstelle. Die schon in die Analyse integrierte Betrachtung der Benutzerschnittstelle ist eine besondere Eigenschaft der Methode von Jacobson *et al.* (1992).

Das Analysemodell enthält die Verfeinerung des Problembereichsmodells. Insbesondere fließen hier die Erkenntnisse aus dem Anwendungsfallmodell und dem Schnittstellenmodell in Form von verschieden ausgeprägten Beziehungen zwischen Objekten bzw. Klassen ein. OOSE kennt drei verschiedene Typen von Objekten. Schnittstellenobjekte (interface objects), die in direktem Zusammenhang mit den Systemschnittstellen stehen und die Systemfunktionalität von der Präsentation nach außen trennen; Entitätsobjekte (entity objects), die Informationen und Funktionalität des Systems beinhalten und meist persistent sind; sowie Kontrollobjekte (control objects), die in der Regel den Ablauf eines oder mehrerer Anwendungsfälle steuern. Bei den Beziehungen werden die Konzepte der Vererbung, der Aggregation, der Objektverbindung sowie des Nachrichtenaustauschs unterstützt. Logisch zusammenhängende Klassen werden in Subsystemen zusammengefaßt, diese Gruppierung kann über mehrere Stufen hinweg erfolgen. Abbildung 2.22 zeigt die im Analysemodell der OOSE-Methode verwendete Notation.

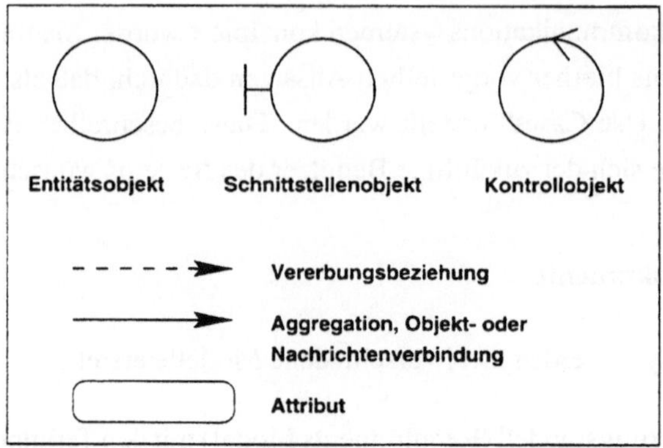

Abbildung 2.22: Notation des Analysemodells in OOSE

Vorgehensweise

Jacobson *et al.* (1992) beschreiben die Schritte für die Systemanalyse in der folgenden Reihenfolge:

1. Konstruktion typischer Anwendungsfälle,

2. Spezifikation der Schnittstellen für die Anwendungsfälle,

3. Erstellung eines ersten Problembereichsmodells,

4. Verfeinern des Problembereichsmodells und Erstellung des Analysemodells.

Abbildung 2.23 zeigt den Ablauf der Systemanalyse bei der in diesem Abschnitt beschriebenen Methode.

Kritik

Obwohl die Methode erst im Jahr 1992 veröffentlicht worden ist, nachdem sie schon seit nahezu zwanzig Jahren eingesetzt und weiterentwickelt wurde, werden keine Objektlebenszyklen unterstützt (zur Entwicklung der Methode siehe auch Jacobson (1987)).

Diese könnten jedoch fast direkt aus den Anwendungsfällen abgeleitet werden, ähnlich der Vorgehensweise bei Booch (1994*b*), Schader und Rundshagen (1994) oder Rumbaugh *et al.* (1991), wo Zustandsdiagramme zur Beschreibung von Objektlebenszyklen aus Ereignisfolgediagrammen abgeleitet werden. Ereignisfolgediagramme wiederum sind eine formalere Darstellung von Szenarios, die den Anwendungsfällen ähneln.

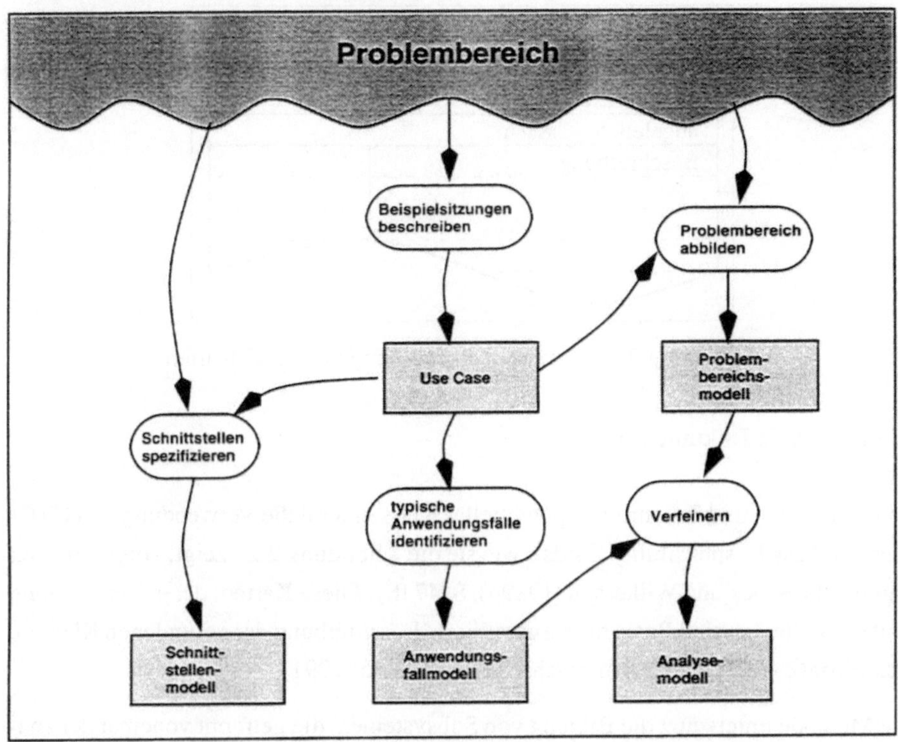

Abbildung 2.23: Vorgehensweise bei der OOSE-Methode

2.2.7 Objektorientierter Softwareentwurf nach Wirfs-Brock

Wirfs-Brock und Wilkerson (1989*a*) beschreiben einen Ansatz zur objektorientierten Systemanalyse und -design, der bei der Suche nach Klassen den Problembereich
nicht nach Objekten mit gleichen Eigenschaften bzw. Verhalten untersucht, sondern
Klassenkandidaten auf der Basis von Verantwortlichkeiten bestimmt. Diese Vorgehensweise, die als „Responsibility Driven Design" (RDD) (vgl. dazu auch Sharble und
Cohen (1993)) bekannt ist, wird im vorliegendem Abschnitt dargestellt. Wirfs-Brock
und Wilkerson (1989*b*) begründen diesen Ansatz damit, daß die Wiederverwendung
von Designbausteinen durch die Anzahl der Attribute, die Schwerpunkt der datenorientierten Ansätze sind, eingeschränkt wird (vgl. hierzu auch Wirfs-Brock und
Johnson (1990)).

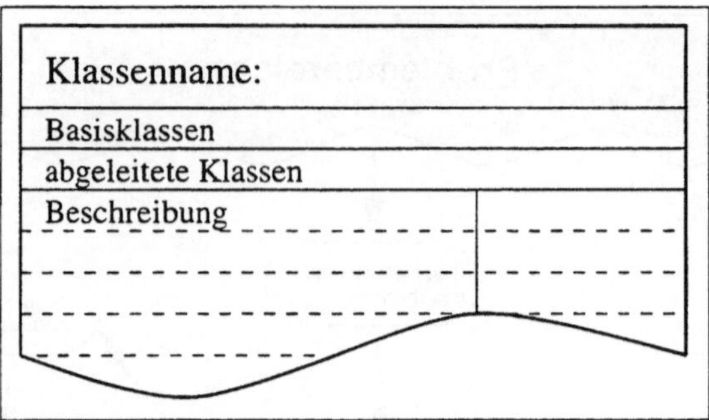

Abbildung 2.24: Klassenbeschreibung auf CRC-Karten

Konzepte und Dokumente

Zum Auffinden und Beschreiben potentieller Klassen wird die Verwendung von CRC-Karten (Class Responsibility Cards), wie sie die Abbildung 2.24 zeigt, vorgeschlagen (vgl. Wirfs-Brock und Wilkerson (1989a), S. 47 ff.). Diese Karten, deren Verwendung weit verbreitet ist, sind Basis für die detaillierte Beschreibung der gefundenen Klassen. Den Einsatz von CRC-Karten beschreibt auch Budd (1991).

Die Methode unterstützt die Bildung von Subsystemen, die getrennt voneinander analysiert werden können. Ähnlich den Klassen werden Subsysteme in Subsystemkarten bzw. -spezifikationen beschrieben. Innerhalb der Subsysteme werden Vererbungsbeziehungen zwischen Klassen in sog. Hierarchiegraphen dargestellt.

Zusätzlich zur Generalisierungs-/Spezialisierungsstruktur führen Wirfs-Brock und Wilkerson (1989a) eine sogenannte ist-analog-zu-Struktur ein. Diese Struktur setzt Klassen, die gleiche Zuständigkeiten besitzen, zueinander in Beziehung. Zur Darstellung werden Venn-Diagramme verwendet. Eine solche Beziehung deutet oft auf eine gemeinsame Basisklasse hin, die noch nicht in das Modell aufgenommen wurde.

Zur Beschreibung der Systemfunktionalität wird den Klassen entweder die Rolle eines Clients oder eines Servers zugeordnet. Ein Server stellt einem Client Dienste zur Verfügung. Die Abwicklung der Kommunikation zwischen Objekten wird in sogenannten Contracts festgelegt, die die Schnittstellen der Objekte beschreiben. Der Aufruf von Methoden eines Servers durch einen Client wird als Collaboration bezeichnet. Zusammenarbeitsgraphen und Kontraktspezifikationen modellieren die Systemfunktionalität und den Nachrichtenaustausch.

Die Notation des Ansatzes von Wirfs-Brock *et al.* (1990) ist in den Abbildungen 2.25 bis 2.28 dargestellt.

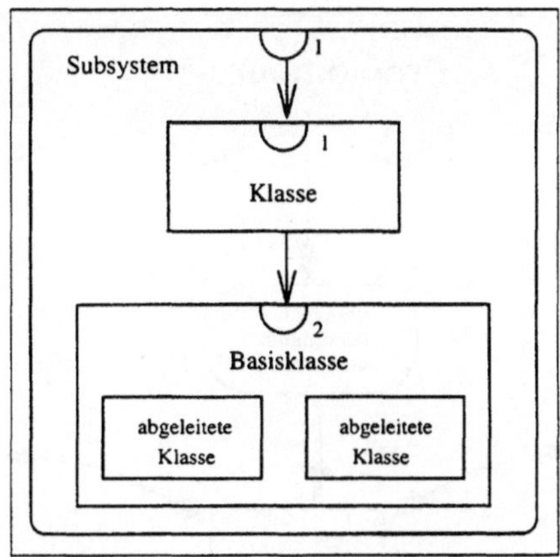

Abbildung 2.25: Beispiel für ein Subsystem nach Wirfs-Brock (1990)

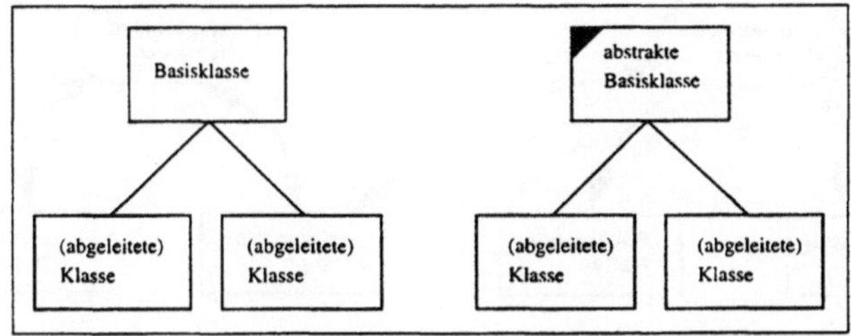

Abbildung 2.26: Klassenhierarchie nach Wirfs-Brock (1990)

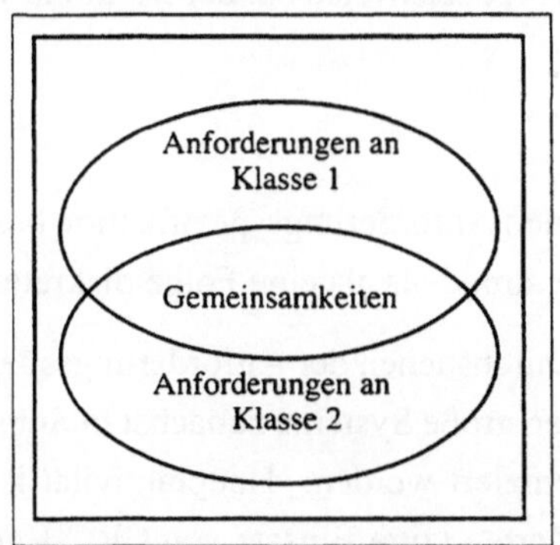

Abbildung 2.27: Venn-Diagramm

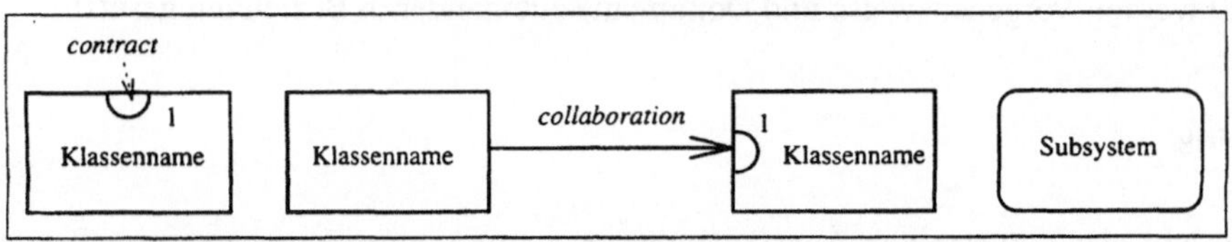

Abbildung 2.28: Klassen, Methoden(aufrufe) und Subsysteme

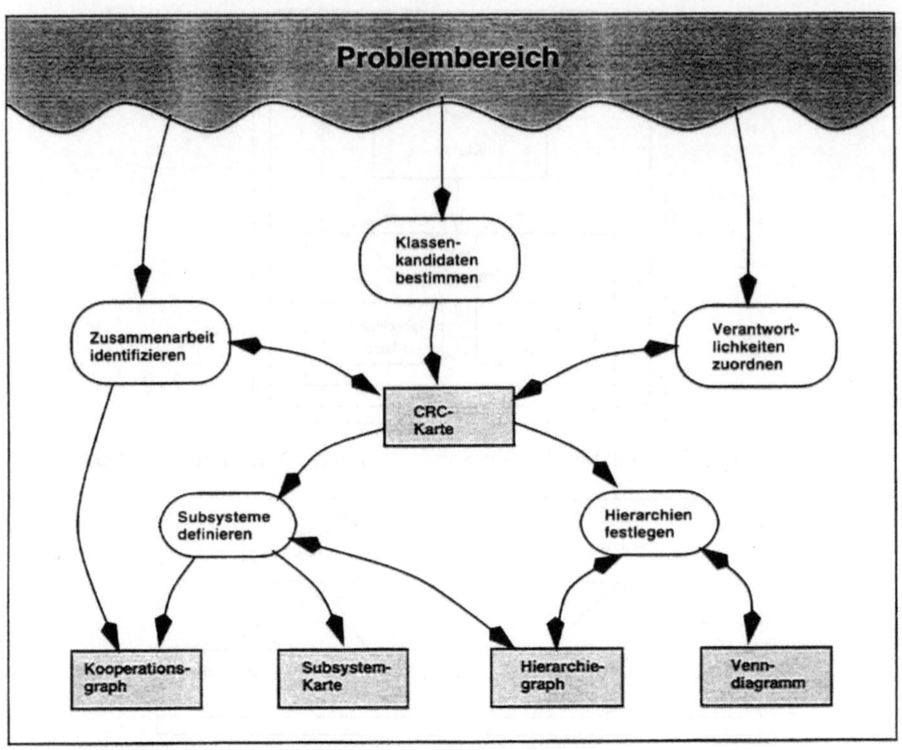

Abbildung 2.29: Vorgehensweise bei der Methode von Wirfs-Brock

Vorgehensweise

Ausgehend von einer verbalen Anforderungsspezifikation beschreiben Wirfs-Brock et
al. den Entwurf eines Systemmodells als eine Folge diskreter, sequentieller Schritte.

Mittels Textanalyse (z.B. Durchsuchen der Anforderungsspezifikation nach sog. relevanten Substantiven) werden große Systeme zunächst in Subsysteme zerlegt, die dann
getrennt voneinander spezifiziert werden. Hauptaktivität ist hierbei das Anfertigen
und Verfeinern der CRC-Karten (zum Einsatz von CRC-Karten beim Auffinden von
Klassenkandidaten siehe auch Beck (1993) oder Wirfs-Brock (1993)). In Abbildung
2.29 werden Vorgehensweise und Dokumente zueinander in Beziehung gesetzt.

Kritik

Bei dem hier vorgestellten Ansatz handelt es sich um eine Vorgehensweise für den
objektorientierten Softwareentwurf mit einer Notation, die, verglichen mit den anderen

Methoden, weniger mächtig ist. Darin liegt sicherlich auch ein Grund für die bis heute nicht verbreitete Unterstützung des Ansatzes durch ein CASE-Tool.

2.2.8 Objektorientierte Analysemethoden der zweiten Generation

Die in den vorhergehenden Abschnitten dargestellten objektorientierten Methoden zur Systemanalyse werden auch oft als objektorientierte Methoden der ersten Generation bezeichnet (vgl. Coleman *et al.* (1994)). Der Schwerpunkt bei der Entwicklung dieser Ansätze bestand in der Bereitstellung von Modellierungskonstrukten, die einen nahtlosen Übergang aus den frühen Softwareentwicklungsphasen in die Implementierung ermöglichen. Dabei lassen sich die in Abschnitt 2.2 skizzierten Gruppen von Methoden (revolutionäre, evolutionäre und traditionelle) identifizieren. Unabhängig davon, wie gut oder schlecht die Prinzipien der Objektorientierung von den einzelnen Analyseansätzen umgesetzt werden, ist bei allen Methoden die Integration der einzelnen Teilergebnisse bzw. -modelle ein häufig kritisierter Schwachpunkt (vgl. hierzu etwa Henderson-Sellers und Edwards (1994*b*)). Beispiele für Methoden, die zur Behebung dieser Schwachstelle vorgeschlagen wurden, sind FUSION (Coleman *et al.* (1994)) oder MOSES (Henderson-Sellers und Edwards (1994*b*)).

Die FUSION-Methode kombiniert Grundkonzepte der OMT nach Rumbaugh *et al.* (1991), des Ansatzes von Wirfs-Brock *et al.* (1990), des OOD nach Booch (1991*b*) sowie formaler Methoden, wie sie in Lano und Haughton (1994) beschrieben werden. Der Vorteil dieses Ansatzes, der die jeweiligen methodenspezifischen Vorteile kombinieren soll, liegt vor allem in der explizit beschriebenen Integration der einzelnen Teildokumente. Diese Vorgehensweise zur Ableitung einer eigenständigen Methode aus bekannten Ansätzen wird auch in Booch (1994*a*), Singer (1993) oder Rosenberg (1993) verfolgt. Neben der methodischen Grundlage für die eigentliche Softwareentwicklung bieten diese neueren Ansätze auch Werkzeuge für das Projektmanagement oder beispielsweise für die Berechnung von Softwaremetriken an.

Der MOSES-Ansatz, der ausführlich in Henderson-Sellers und Edwards (1994*a*) vorgestellt wird, ist eine völlig neu entwickelte Methode, die nicht nur den Softwarelebenszyklus beschreibt, sondern auch Projektmanagement und Produktlebenszyklus integriert. Ob sich diese noch relativ junge Methode bewährt, bleibt abzuwarten. Als Kritikpunkt anzumerken ist dabei die Verwendung einer neuen Notation, die sich gegen die bekannten Notationen durchsetzen muß.

Auch der MAOOAM-Ansatz, der in Abschnitt 2.3 erläutert wird, wird in seiner weiteren Entwicklung, die u.a. Toolunterstützung, Konsistenzregeln oder Software-Qualitätsmaße bereitstellt, diesen Methoden der 2. Generation zuzurechnen sein.

2.3 Das Projekt MAOOAM

Im Zusammenhang mit mehreren Lehrveranstaltungen zum Themengebiet objektorientierte Softwareentwicklung ist am Lehrstuhl für Wirtschaftsinformatik III der Universität Mannheim das Projekt MAOOAM entstanden, innerhalb dessen die Entwicklung einer eigenen objektorientierten Analysemethode (im folgenden MAOOAM-Methode) und die Realisierung eines computergestützten Werkzeugs für den objektorientierten Systementwurf Schwerpunkte bilden. Inhalt dieses Abschnitts ist die Vorstellung der Analysemethode und des Konzepts für den Upper-CASE-Bereich des MAOOAM*Tools*.

2.3.1 Die Analysemethode

MAOOAM verbindet die nach Schader und Rundshagen (1994) vorteilhaftesten Modellierungskonstrukte bzw. -dokumente verschiedener in der Praxis eingesetzter Analysemethoden. Besonders beeinflußt ist dieser Ansatz durch die Arbeiten von Coad und Yourdon (1991*a*, 1991*b*), Rumbaugh *et al.* (1991) sowie Booch (1994*b*). Eine ähnliche Kombination von Modellierungskonzepten unterschiedlicher Methoden schlägt beispielsweise Singer (1993) vor.

Ein mit MAOOAM erstelltes Analysemodell besteht aus drei Teilmodellen des abzubildenden Systems. Diese Teilmodelle spiegeln die Aufteilung der Systemanalyse in eine statische, dynamische und funktionale Systemsicht wider, die vielen der bis heute veröffentlichten Ansätze zugrunde liegt (beispielhaft seien hier die Ansätze von Rumbaugh *et al.* (1991), Embley *et al.* (1992) und Martin und Odell (1992) genannt). Im folgenden werden die Grundzüge der Analysemethode nach Schader und Rundshagen (1994) vorgestellt.

2.3.1.1 Das statische Modell

Das statische Systemmodell beschreibt die Klassen und Objekte, sowie die Struktur der Klassen und die Beziehungen zwischen Objekten. Es stellt den Kern der Ergebnisse einer Systemanalyse dar. Die Notation gleicht der in Coad und Yourdon (1991*a*) verwendeten. Das statische Teilmodell der Systemanalyse besteht aus mehreren sog. Schichten, die jeweils verwandte Modellierungskonstrukte enthalten.

Die einzelnen Schichten kann man sich analog zur OOA (vgl. Abschnitt 2.2.3) wie übereinander gelegte Folien vorstellen, wobei der Abstraktionsgrad von den Subjekten hin zu den Methoden abnimmt. An dieser Stelle sollen die zu jeder Schicht gehörenden Konstrukte kurz beschrieben werden. Die Beschreibung erfolgt in der Reihenfolge, wie sie in Schader und Rundshagen (1994) für den konkreten Ablauf der Analysetätigkeiten vorgeschlagen wird.

Die Klassenschicht enthält Klassen; dabei wird zwischen Klassen, die Objekte besitzen, und abstrakten Klassen, deren Objekte erst in einer abgeleiteten Klasse auftreten, unterschieden.

Die Eigenschaften der gefundenen Klassen werden innerhalb der Attributschicht definiert. In dieser Schicht werden sowohl Attribute, als auch die Beziehungen von Objekten (Objektbeziehungen oder Objektverbindungen) untereinander modelliert. Attribute beschreiben die Eigenschaften der Objekte einer Klasse. Jeder Zustand eines Objekts wird definiert durch die jeweilige Kombination von Ausprägungen seiner Attribute. In der im weiteren Verlauf dieses Abschnitts beschriebenen Klassenspezifikation werden die Attribute genau spezifiziert. Objektbeziehungen lassen sich am ehesten mit Beziehungen, wie sie aus der ER-Modellierung nach Chen (1976) bekannt sind, vergleichen. Beziehungen dürfen auch zwischen Objekten bestehen, die derselben Klasse angehören.

In der Strukturschicht werden die Konzepte zur Vereinfachung der Komplexität des in das Analysemodell abzubildenden Realweltausschnitts modelliert. Hierfür sind zwei verschiedene Strukturen vorgesehen, zum einen eine Generalisierungs-/Spezialisierungsstruktur, zum anderen eine Gesamtheit-/Teilstruktur. Die erste Struktur stellt die Beziehung zwischen allgemeinen (übergeordneten) Basisklassen und den davon abgeleiteten spezielleren Klassen dar. Die abgeleiteten Spezialisierungen erben alle Eigenschaften (Attribute) sowie das Verhalten (Methoden) der Basisklasse. Der hier vorgestellte Ansatz unterstützt explizit auch multiple Vererbung, d.h. eine abgeleitete Klasse kann die Attribute und Methoden mehrerer Basisklassen erben. Die bei dieser Form der Vererbung eventuell auftretenden Konflikte, die beispielsweise bei gleichnamigen Attributen oder Methoden in den Basisklassen auftreten, müssen in einer späteren Phase der Softwareentwicklung gelöst werden. Ein weiteres Problem der multiplen Vererbung entsteht, falls Attribute oder Methoden in den Basisklassen unterschiedliche Namen besitzen, obwohl sie dieselbe Information bzw. Funktionalität modellieren.

Der zweite Strukturtyp modelliert den Zusammenhang zwischen zusammengesetzten Objekten (Gesamtheitsobjekte) und den darin enthaltenen Objekten (Teilobjekte). Im Gegensatz zur oben beschriebenen Struktur setzt die Gesamtheit-/Teilstruktur nicht Klassen, sondern die Objekte der beteiligten Klassen miteinander in Beziehung. Dies bedeutet nicht, daß eine abstrakte Klasse nicht als Teilklasse in einer Gesamtheit-/Teilstruktur beteiligt sein darf. In diesem Fall werden die Objekte der von der abstrakten Klasse abgeleiteten Klassen mit den Objekten der Aggregationsklasse in Beziehung gesetzt.

Um bei einem Analysemodell mit einer großen Anzahl von Klassen die Übersichtlichkeit zu wahren, können Gruppen von Klassen gebildet werden, die auch in der Realität logisch oder physisch zusammengefaßt werden. Diese Gruppen bilden die sogenannten Subjekte.

Die letzte hier vorzustellende Schicht ist die Methodenschicht. Hier werden sowohl die zu den jeweiligen Klassen gehörenden Methoden, als auch die Kommunikation der Objekte über Nachrichtenverbindungen beschrieben.

Die Dokumente des statischen Modells sind zum einen das Klassendiagramm, das die problembereichsrelevanten Klassen des zu erstellenden Systems enthält. Zum anderen wird für jede Klasse eine Klassenbeschreibung angelegt, in der die Klasse mit ihren Attributen, Methoden, Objekt- und Nachrichtenverbindungen sowie die Strukturen, an denen die Klasse (oder Objekte der Klasse) beteiligt ist (sind), verbal beschrieben werden. Weiterhin enthält diese Spezifikation Referenzen auf die für die Objekte der Klasse gültigen Zustandsbeschreibungen und Zustandsdiagramme, die im dynamischen Modell entworfen werden, sowie auf die Methodenbeschreibungen des funktionalen Modells.

Abbildung 2.30 zeigt ein Beispiel für ein statisches Systemmodell mit zwei Subjekten. Dargestellt wird ein Ausschnitt der Analyse eines Produktionplanungssystems. Die Entwicklung des statischen Modells für dieses Fallbeispiel wird in Schader und Rundshagen (1994) ausführlich erläutert.

2.3.1.2 Das dynamische Modell

Das Verhalten des Systems und der Objekte innerhalb des Systems wird im dynamischen Systemmodell abgebildet. Über Szenarios und Ereignisfolgediagramme werden für Objekte, die in ihrer Lebenszeit ein systemrelevantes dynamisches Verhalten aufweisen, Zustandsdiagramme erstellt.

Ein Szenario ist eine hypothetische Aufeinanderfolge von Ereignissen, wie sie bei einer Anwendung des zu modellierenden Systems entstehen soll. Es beschreibt somit das Systemverhalten und die dazu notwendige Interaktion der Objekte als Reaktion auf externe Eingaben. Szenarios werden in ähnlicher Form auch in Coleman *et al.* (1994), Booch (1994*b*) oder Rumbaugh *et al.* (1991) verwendet. Die grafische Darstellung der in einer Szenarioniederschrift enthaltenen Information, erfolgt in Ereignisfolgediagrammen . Hier werden die an einem Szenario beteiligten Objekte durch vertikale Linien dargestellt. Die Ereignisse werden durch horizontale Pfeile vom Sender(objekt) zum Empfänger(objekt) symbolisiert. Abbildung 2.31 zeigt ein Szenario für einen Produktionsvorgang für das in Abbildung 2.30 dargestellte Beispiel eines Produktionsplanungssystems. Das entsprechende Ereignisfolgediagramm zeigt Abbildung 2.32.

Ausgehend von den Ereignisfolgediagrammen werden die Lebenszyklen der Objekte, die ein interessantes dynamisches Verhalten aufweisen, mit Hilfe von Zustandsdiagrammen beschrieben. In diesen werden alle für die Objekte einer Klasse gültigen Zustände und die erlaubten Übergänge zwischen diesen modelliert. Den Zustandsübergängen werden die korrespondierenden Ereignisse sowie die ausgelösten Aktionen zugeordnet. Zustände werden im Zustandsdiagramm durch ihren Namen und die innerhalb des Zustands ausgeführten Aktivitäten bzw. Aktionen beschrieben. Die Darstellung dieser Diagramme orientiert sich an den Vorschlägen von Harel (1987, 1988), die auf der Theorie der endlichen Automaten, die grundlegend in Hopcroft und Ullman (1979) beschrieben ist, aufsetzen.

Die das dynamische Modell beschreibenden Dokumente sind Ereignisfolgediagramme und Zustandsdiagramme mit den zugehörigen Zustandsbeschreibungen. Szenarios werden als Hilfsmittel zur Anfertigung der Ereignisfolgediagramme erstellt und enthalten keine zusätzlichen Informationen, die während der Integration der einzelnen Sichten verwaltet werden müßten. Aus diesem Grund ist die Berücksichtigung von Szenarios optional. Im weiteren Verlauf dieser Arbeit werden Szenarios jedoch in die Überlegungen mit einbezogen.

2.3.1.3 Das funktionale Modell

In der funktionalen Systemsicht werden die in den anderen beiden Teilmodellen identifizierten Methoden jeder Klasse, die nicht zu den sogenannten algorithmisch

Teilmodell	Dokumente
Statisch	Klassendiagramm
	Klassenbeschreibung
Dynamisch	Szenarios
	Ereignisfolgediagramme
	Zustandsdiagramme
	Zustandsbeschreibung
Funktional	Methodenbeschreibung

Tabelle 2.1: MAOOAM-Dokumente

einfachen Methoden zählen, beschrieben. Als algorithmisch einfach (oder implizit)
werden in der objektorientierten Analyse Konstruktor- und Destruktorfunktionen,
Funktionen zum Lesen oder Schreiben von Attributwerten sowie zum Auf- und Abbau
von Objektbeziehungen bezeichnet. Alle anderen Methoden werden als algorithmisch
komplex bezeichnet.

Die Spezifikation der Funktionalität erfolgt in Methodenbeschreibungen, die entweder
verbal in Pseudocode oder grafisch in Form von Struktogrammen nach Nassi und
Shneiderman (1973) erstellt werden.

2.3.2   Computerunterstützung

Die Architektur des MAOOAM-Upper-CASE-Tools entspricht der Struktur der Analysemethode. Die Beschreibung jeder der in den vorhergehenden Abschnitten vorgestellten Sichten erfolgt in einem eigenen Editor, der neben den grafischen Editierfunk-
tionen auch die syntaktische Korrektheit des erstellten Modells sowie die Einhaltung
einfacher Konsistenzbedingungen gewährleisten soll. Außer den Editormodulen existiert ein eigenständiges Modul für die Integration der Teilmodelle und die Prüfung der
Korrektheit des Gesamtmodells. Das Repository des Werkzeugs wurde von Froese
(1994) in einem ersten Prototyp unter Verwendung der objektorientierten Datenbank
ObjectStore (vgl. Object Design (1993)) realisiert.

Die Module werden gemeinsam unter einer gemeinsamen Oberfläche, die mit dem
Anwendungsrahmen XVT (vgl. XVT Software (1993)) erstellt wird, verwaltet. Der
MAOOAM*Tool*-Prototyp wurde in einer ersten Version unter Solaris 2.x implemen-
tiert (vgl. zur Entwicklung dieser Prototypen auch Froese (1994) und Schoch (1994)).
Bei der Integration der Teilergebnisse einer Systemanalyse sowie der Prüfung des

Gesamtmodells auf Konsistenz in einem eigenständigen Modul werden die in Kapitel 3 dieser Arbeit entwickelten Regeln zur Integration der statischen, dynamischen und funktionalen Systemsicht berücksichtigt. Eine ausführliche Beschreibung des MAOOAM*Tools erfolgt in Kapitel 5.

Neben der in dieser Arbeit vorgestellten Upper-CASE-Funktionalität ist geplant, das MAOOAM*Tool zur automatischen Codegenerierung zu erweitern. Hierbei sollen schon in der Designphase Klassenbibliotheken wie beispielsweise Tools.h++ berücksichtigt werden. Die Möglichkeit zur Bewertung eines Systems unter Verwendung von objektorientierten Qualitätsmaßen (Softwaremetriken), wie sie ausführlich in Kuhlmann (1994) dargestellt sind, soll in einer späteren Ausbaustufe erfolgen. Weitere Erweiterungen des MAOOAM*Tools sollen die Simulation von Objektkommunikation auf Basis der Analyseergebnisse enthalten.

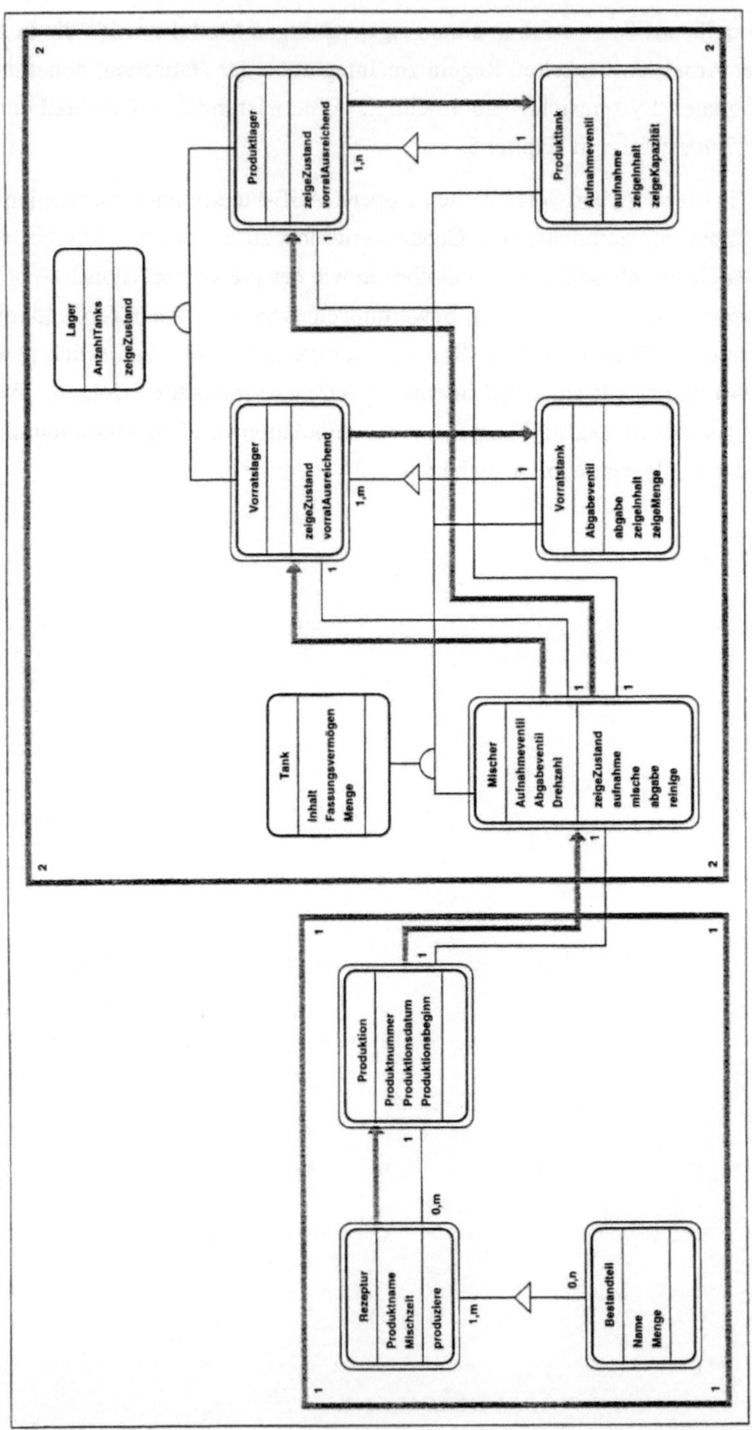

Abbildung 2.30: Beispiel für ein statisches Systemmodell (in Anlehnung an Schader und Rundshagen (1994))

Der Produktionsvorgang wird gestartet.

Der Mischer stellt fest, daß alle Bestandteile der Rezeptur vorrätig sind.

Der Mischer stellt fest, daß genügend Kapazität zur Lagerung des Endprodukts in den Produkttanks vorhanden ist.

Der Mischer nimmt die in der Rezeptur definierten Bestandteile auf.

Der Mischvorgang wird gestartet.

Die Mischzeit ist abgelaufen.

Die Abgabe des Endproduktes in die Tanks des Produktlagers beginnt.

Der Abgabevorgang ist beendet und der Reinigungsvorgang beginnt.

Abbildung 2.31: Beispiel für ein Szenario

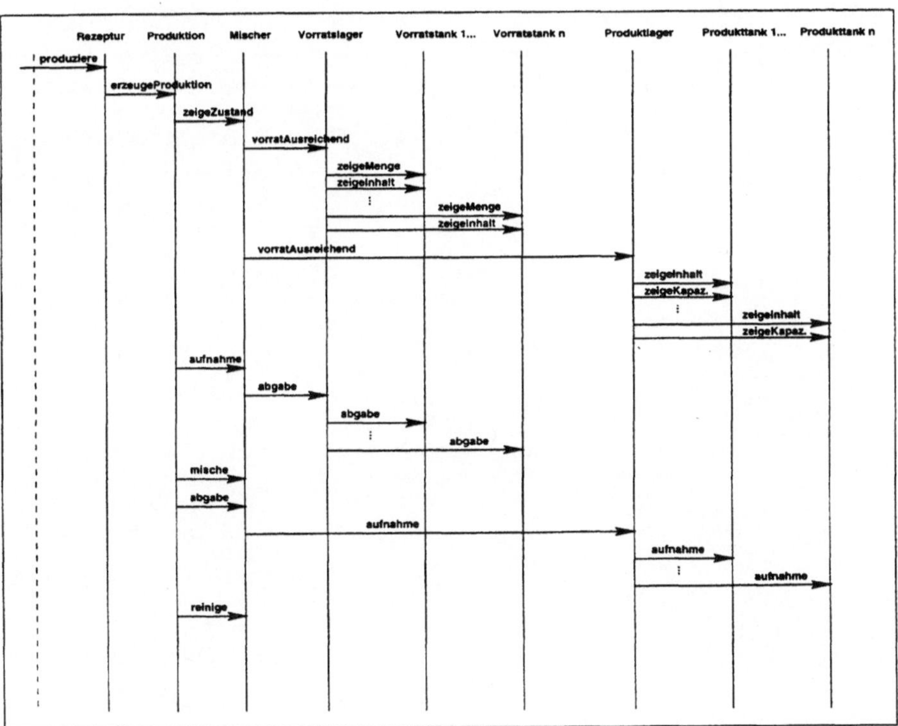

Abbildung 2.32: Korrespondierendes Ereignisfolgediagramm

Kapitel 3

Methodenbeschreibung mit Metamodellen

3.1   Begriffsklärung und Einsatz

Der Begriff des Metamodells bzw. der Metamodellierung stammt ursprünglich aus dem Bereich der Datenbanken (vgl. Elmasri und Navathe (1989)). So entwickeln Hong und Maryanski (1990*a*, *b*) ein solches Modell in einem Projekt zur automatischen Generierung von Datenbankanwendungen aus objektorientierten Datenmodellen, die unter Verwendung unterschiedlicher Modellierungsmethoden entstanden sind.

Als Metamodell bezeichnet man ein Modell, dessen Instanzen wiederum Modelle sind. Metamodelle werden u.a. zur formalen Beschreibung von Prozessen und Modellen der Softwareentwicklung eingesetzt (Habermann und Leymann (1993)). Weitere Gebiete zur Anwendung von Metamodellen sind Informationssysteme (vgl. Atzeni und Torlone (1993)), Unternehmensdatenmodellierung (vgl. Hars (1994)) oder computergestützte Simulation (vgl. Sargent (1991)).

Hesse (1990) beschreibt Metamodelle als Hilfsmittel zur exakten Beschreibung des Softwareentwurfsprozesses und der Struktur seiner Ergebnisse. Ein Metamodell definiert die Terminologie sowie die Grundprinzipien, Strukturen und Beziehungen, die für die Entwicklung eines Anwendungssystems in Abhängigkeit der vorhandenen Rahmenbedingungen verwendet werden. Diese Rahmenbedingungen können u.a. durch das verwendete Programmierparadigma, die eingesetzte Entwicklungsmethode oder das zugrundeliegende Phasenmodell gegeben sein.

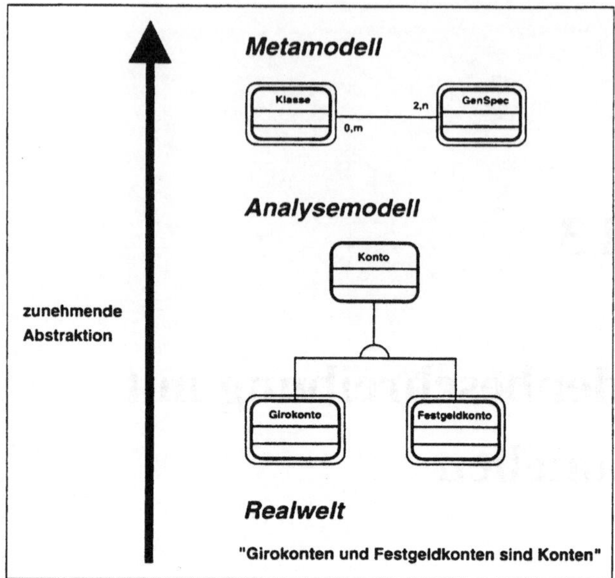

Abbildung 3.1: Ein Beispiel für die Darstellung von Informationen auf unterschiedlichen Abstraktionsstufen

Ein Metamodell ist ein konzeptionelles Modell einer Modellierungsmethode und Metamodellierung der Prozeß des Entwerfens einer abstrakten Methodenbeschreibung (vgl. zur Definition beider Begriffe auch Brinkkemper (1990)). Der Entwurf dieser Methodenbeschreibung bildet die Regeln, die für die Verwendung und den Zusammenhang der methodenspezifischen Konstrukte gelten, ab. Abbildung 3.1 stellt die verschiedenen Abstraktionsniveaus von der Realwelt über die Systemanalyse bis hin zur Metamodellierung am Beispiel einer Vererbungshierarchie dar. Die im Problembereich eines zu modellierenden Systems vorhandene Struktur „Girokonten und Festgeldkonten sind Konten." wird im Analysemodell durch eine Vererbungsstruktur dargestellt. Im Metamodell wird die Struktur des Analysemodells abstrahiert durch eine Objektbeziehung, die Instanzen der Klasse „GenSpec" mit denen der Klasse „Klasse" in Beziehung setzt.

Anwendungen für Metamodelle in der Softwareentwicklung sind:

- Explizite und präzise Beschreibung von Methoden, Tools und Prozessen; hierunter fallen unter anderem die folgenden Anwendungen:

  - Toolauswahl,
  - Beschreibung von Softwareentwicklungsprozessen,

- – Methodenvergleiche,

- – Toolentwicklung,

- – Überprüfung von Techniken usw.

- formale Methodenspezifikation;

- Vergleich von theoretischem und tatsächlichem Leistungsvermögen einer Methode;

- Beschreibung des Verhaltens von Experten.

Weitere Anwendungen im Zusammenhang mit CASE-Tools, Datenbanken und Analysemethoden sind in Blaha (1992) oder Kokol (1993) aufgeführt. Bei der Darstellung von Methoden des Softwareengineering durch Modelle auf einer höheren Abstraktionsstufe sind grundsätzlich zwei verschiedene Bereiche zu unterscheiden. Zum einen kann die vorgeschriebene Vorgehensweise in einem sogenannten Meta-Prozeßmodell, zum anderen können die zulässigen Ergebnisse in einem Meta-Objektmodell dargestellt werden. Diese Zweiteilung von Metamodellen findet sich beispielsweise in Hong *et al.* (1993) oder Brinkkemper (1990), die jedoch anstelle des Begriffs Objektmodell im Hinblick auf die dort beschriebenen klassischen Methoden den Ausdruck Datenmodell verwenden.

In der vorliegenden Arbeit wird ein Metamodell einer objektorientierten Analysemethode als eine abstrakte Beschreibung aller unter Einhaltung der methodenspezifischen syntaktischen und semantischen Konsistenzregeln zulässigen Analyseergebnisse verstanden. In den Prozeß der Metamodellierung fließen, wie in Abbildung 3.2 skizziert, sowohl die Methode in Form von Notation und zu erstellenden Dokumenten, als auch Regeln zur Anwendung der betrachteten Analysemethode ein.

3.2 Metamodelle für klassische Methoden

In den folgenden Teilen dieses Abschnitts werden einige ausgewählte Ansätze zum Entwurf von Metamodellen dargestellt. Eine ausführlichere Behandlung erfährt dabei der Vorschlag von Olle *et al.* (1986) bzw. dessen in Olle *et al.* (1991) beschriebene Weiterentwicklung, da er als grundlegend für dieses Themengebiet angesehen werden kann (vgl. hierzu etwa Österle und Gutzwiller (1992a) oder Brinkkemper (1990)). Die Darstellungen der betrachteten Ansätze beschränken sich auf den Teil der einzelnen Metamodelle, der den Prozeß bzw. die Ergebnisse der Systemanalyse darstellt. Diese

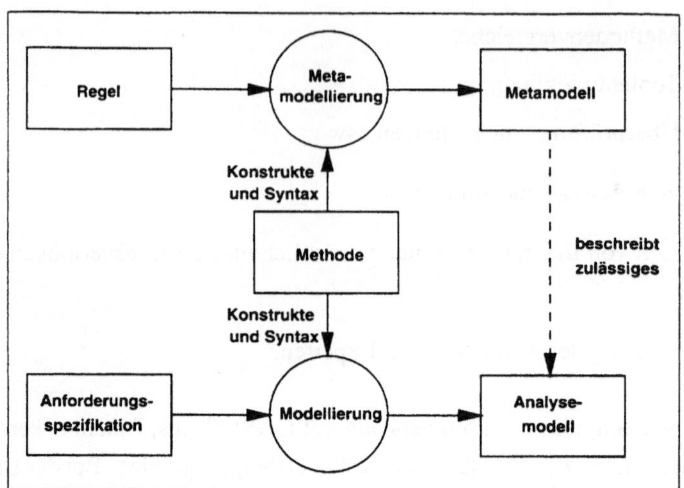

Abbildung 3.2: Zusammenhang zwischen Modellierung und Metamodellierung

Einschränkung ist an dieser Stelle sinnvoll, da die MAOOAM-Methode zum jetzigen Projektstand nur diesen Teil des Softwareentwurfs unterstützt.

3.2.1   Der Ansatz von Olle et al.

Olle *et al.* (1991) haben die zweite Version eines erstmals 1988 veröffentlichten Referenzmodells vorgestellt, das zahlreiche Autoren zur Beurteilung ihrer Ansätze verwenden. So weisen beispielsweise Österle und Gutzwiller (1992*a*) explizit auf die zu ihrem Metamodell korrespondierenden Bestandteile des Modells von Olle et al. hin (vgl. auch Abschnitt 3.2.3 der vorliegenden Arbeit). Bei diesem Vorschlag handelt es sich um eine umfassende Methodologie zur Beschreibung von Informationssystemen. Dabei werden keine speziellen Entwicklungsmethoden beschrieben, sondern der Vorschlag soll vielmehr die Diskussion möglichst vieler Ansätze ermöglichen. Das an dieser Stelle erläuterte Metamodell bildet eine Methode zur Systemanalyse mit Hilfe von drei Teilsichten ab. Es werden jeweils Teilmodelle für

- die datenorientierte Sicht,

- die prozeßorientierte Sicht und

- die verhaltensorientierte Sicht

entworfen. Die Bildung dieser Sichten erfolgt nicht aufgrund theoretischer Überlegungen, sondern ist aus dem Anspruch erwachsen, die in den bis 1988 bekannten

Methoden zur Entwicklung von Informationssystemen vorhandenen Schwerpunkte abzubilden (vgl. hierzu auch Scheer (1991)). Zusätzlich zu den drei Sichten unterteilen Olle et al. den Entwicklungsprozeß in zwölf Phasen, aus denen sie die ersten drei Phasen

1. Information Systems Planning,

2. Business Analysis,

3. System Design

betrachten. Die Auswahl der frühen Phasen des Softwarelebenszyklus erfolgt, weil jede der untersuchten Methoden mindestens eine dieser Phasen abdeckt. Das eigentliche Metamodell bezieht sich auf die „Business Analysis" und das „System Design", da in der ersten Phase noch keine formalen Methoden zum Einsatz kommen. Gegenstand der folgenden Ausführungen ist nur die Phase der Business Analysis, die weitestgehend mit der Systemanalyse, wie sie in Abschnitt 2.1.2 beschrieben wurde, übereinstimmt.

Das Metamodell wird in Form von ER-Diagrammen, deren Notation jedoch weniger Semantik enthält als die von Chen (1976) vorgeschlagene, angegeben. Besonders werden bei der grafischen Darstellung der Sichten Unterschiede zwischen Entitäten, die im Rahmen eines Systementwurfs vom Systementwickler mit Elementen gefüllt werden, und solchen, die aufgrund der verwendeten Methode bereits bzgl. ihrer Ausprägungen vorbelegt sind, betont. So werden bspw. Kunde, Rechnung und Position als mögliche Ausprägungen des Begriffs *Entity Type* im Laufe einer Anwendungsentwicklung festgelegt, während der Begriff *Relationship Class* mit den Möglichkeiten *unary*, *binary* und *n-ary* von vornherein durch die in der verwendeten Methode vorgesehenen Konzepte zur Darstellung von ein- oder mehrwertigen Beziehungen festgelegt ist (vgl. hierzu auch Rauh und Stickel (1992)). Einen weiteren Schwerpunkt bildet die Unterscheidung zwischen den eigentlichen Informationsobjekten wie *Entity Type*, *Attribute* oder *Activity* und deren Namen. Diese Art der Modellierung hält die Möglichkeit offen, die Benutzung von Synonymen bzw. spezielle Namenskonventionen zuzulassen.

Die folgenden Ausführungen dieses Abschnitts und die Abbildung 3.3 vermitteln einen Eindruck von der Detailliertheit und Komplexität des Ansatzes von Olle *et al.* (1991).

Die datenorientierte Sicht

Die datenorientierte Sicht beschreibt die Entitätstypen zur Modellierung eines Informationssystems und deren Beziehungen untereinander. Die Beziehungen können verschiedenen Typs sein und unterschiedlichen Klassen angehören. Sowohl Beziehungen als auch Entitätstypen werden durch Attribute beschrieben. Für Attribute können Bedingungen gelten. Entitätstypen können sich überlappen, d.h. gemeinsame Instanzen besitzen. Um ihrem Anspruch, eine Vielzahl von Methoden abzubilden, gerecht zu werden, unterscheiden Olle *et al.* (1991) explizit zwischen methodenabhängigen und -unabhängigen Bestandteilen ihres Modells.

Die ausführliche Beschreibung und Definition aller Komponenten der datenorientierten Sicht findet man in Olle *et al.* (1991), S. 81 ff. Abbildung 3.3 zeigt das Diagramm der datenorientierten Sicht. Die grau unterlegten Komponenten sind methodenabhängig. Modellbestandteile, die referentiellen Charakter besitzen, werden durch dünner gesetzte Umrandungen gekennzeichnet. Die Pfeilspitzen an den Beziehungen zwischen Komponenten zeigen an, in welcher Richtung die Beziehung bzw. ihre Beschreibung zu lesen ist. Treten zwischen denselben Komponenten zwei verschiedene Beziehungen auf, so ist eine davon zur besseren Lesbarkeit gestrichelt eingezeichnet.

Das in Abschnitt 4.2 entwickelte Metamodell beschreibt in ähnlicher Form die statische Sicht des MAOOAM-Ansatzes.

Die prozeßorientierte Sicht

Die prozeßorientierte Sicht beschreibt die Aktivitäten des zu modellierenden Systems. Jede dieser Aktivitäten kann wiederum aus mehreren Teilaktivitäten bestehen. Weiterhin werden hier die Informationen bzw. Daten, die benötigt werden, um die Systemfunktionalität zu gewährleisten, beschrieben. Ein System wird möglicherweise in kleinere Organisationseinheiten zerlegt, innerhalb derer oder zwischen denen Datenströme existieren.

Die verhaltensorientierte Sicht

Die letzte Sicht ist die verhaltensorientierte Sicht einer Methode, diese kann zusätzlich oder alternativ zu der prozeßorientierten Sicht auftreten. Sie entspricht von der Struktur her dem in Abschnitt 4.3 erläuterten Metamodell des dynamischen Teilmodells

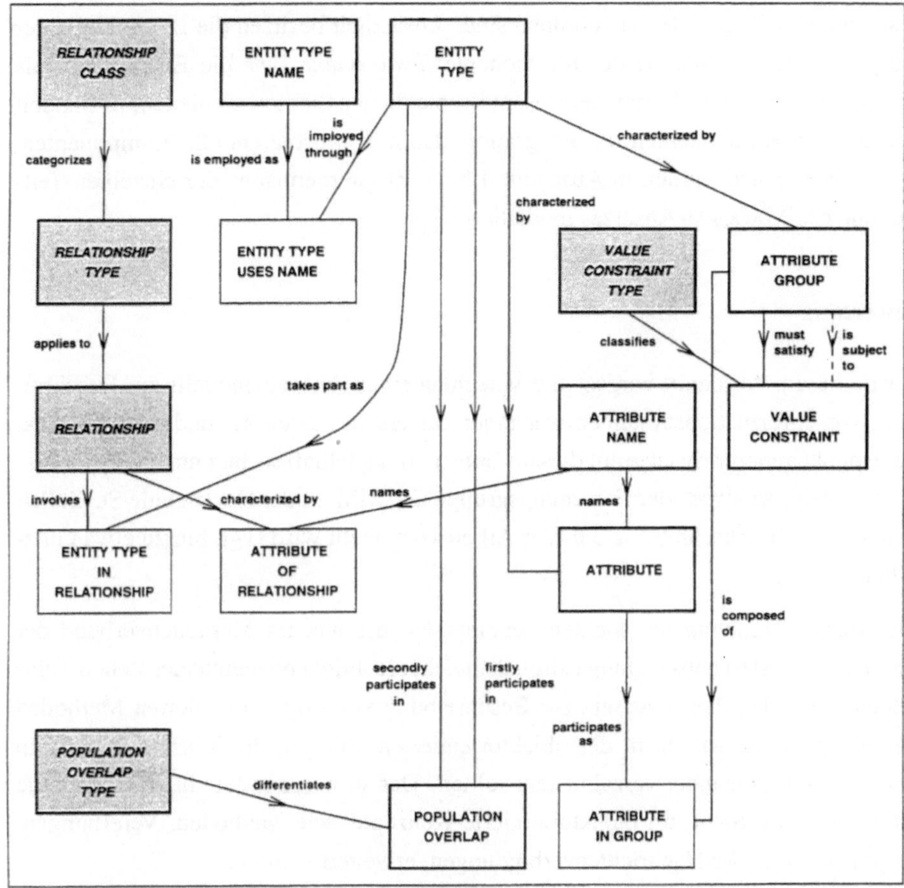

Abbildung 3.3: Datenorientierte Sicht (Quelle: Olle et al. (1991), S. 77)

aus MAOOAM. Mit Hilfe von Ereignissen und Regeln über deren Auftreten bzw. ihre zeitliche Aufeinanderfolge kann das dynamische Verhalten eines zu modellierenden Systems durch eine Analysemethode beschrieben werden. Die Ereignisse stehen in engem Zusammenhang zu den oben dargestellten Aktivitäten. Olle *et al.* (1991) sehen die Repräsentation eines Sachverhalts in Form eines Ereignisses oder einer Aktivität in vielen Fällen sogar als alternativ an.

Integration der Sichten

Im Gegensatz zu anderen Ansätzen, die oft die Bestandteile unterschiedlicher Teilmodelle direkt in Beziehung setzen, ordnen Olle *et al.* (1991) der Sichtenintegration im Rahmen der Systemanalyse sämtliche Methodenbestandteile zu, die keiner der oben beschriebenen Teilsichten zuzuordnen sind. Zusätzlich besitzen die Bestandteile der Integration mit Ausnahme der Komponente *Involvement Type* die Eigenschaft, als Verbindung zwischen Komponenten unterschiedlicher Sichten zu dienen; es handelt sich bei den Komponenten der Integration also nur um referentielle Komponenten. In ähnlicher Form werden in Abschnitt 4.5 die Zusammenhänge der einzelnen Teilmodelle des MAOOAM-Ansatzes modelliert.

Bewertung

Der in diesem Abschnitt vorgestellte Vorschlag eines Referenzmodells zur Beschreibung von Informationssystemen war einer der ersten seiner Art und dadurch Ausgangspunkt anderer Ansätze auf diesem Gebiet. Beispielhaft sei hier nur das Referenz-Metamodell „Analyse" der Forschungsgruppe CC RIM an der Hochschule St. Gallen genannt, das in Abschnitt 3.2.3 dieser Arbeit vorgestellt wird (vgl. hierzu etwa Gutzwiller (1994)).

Die strenge Trennung der Sichten voneinander, die wie im Methodenverbund der klassischen Systementwicklung lediglich gleichberechtigt nebeneinander stehen, führt jedoch dazu, daß dieser Ansatz zur Beschreibung von objektorientierten Methoden weniger geeignet ist, da in der objektorientierten Analyse die Teilsichten auf ein System eng miteinander verzahnt sein sollten. Des weiteren müßte insbesondere die datenorientierte Sicht um objektorientierte Konzepte, wie Methoden, Vererbungen, Aggregationen oder Nachrichtenverbindungen, erweitert werden.

3.2.2   Metamodellierung nach Brinkkemper

Brinkkemper (1990) schlägt einen aus zwei Grundkomponenten aufgebauten Ansatz zur Metamodellierung vor, der aus einem Meta-Daten- und einem Meta-Aktivitäten-modell besteht. Diese Zweiteilung des Metamodells ist in der Literatur durchaus üblich und wird auch in Hong und Maryanski (1990*b*) verfolgt.

Da Brinkkemper die von Olle *et al.* (1991) verwendete Notation als zu restriktiv für eine detaillierte Darstellung von Metamodellen ansieht, verwendet er eine Kombination aus Prädikatenlogik erster Ordnung und der NIAM-Methode (Nijssen Information Analysis Method) nach Nijssen und Halpin (1989) zur Beschreibung seines Ansatzes. In früheren Versionen seiner Metamodelle werden auch ER-Modellierung und Prädikatenlogik miteinander kombiniert. Die Erfahrungen mit diesen Methoden sind in Brinkkemper (1990), Koesen *et al.* (1989) oder Wijers und Heijes (1990) beschrieben.

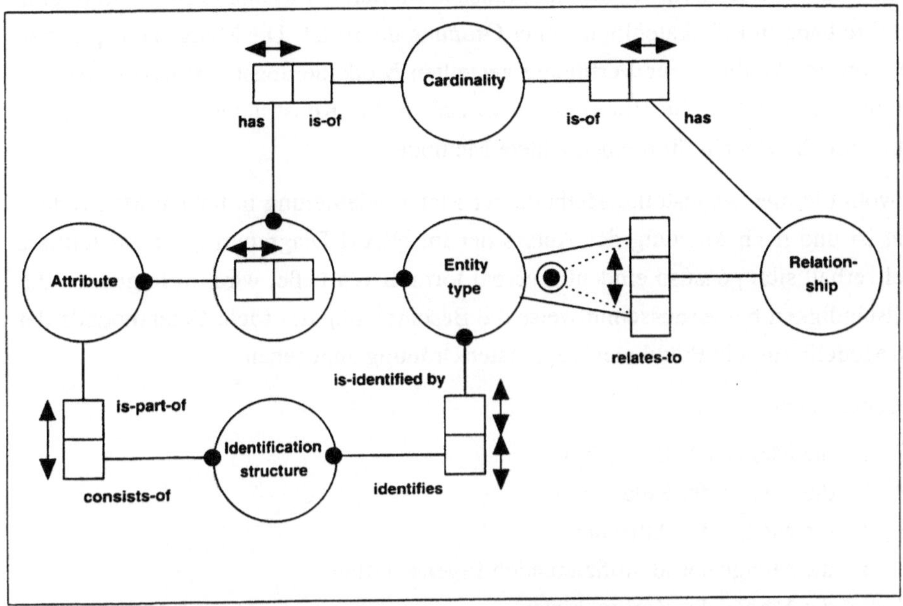

Abbildung 3.4: Meta-Datenmodell der ER-Modellierung nach Brinkkemper (1990)

Das Meta-Datenmodell einer Methode beschreibt die statischen Aspekte in Form von Modellierungskonzepten, Beziehungen zwischen den Konzepten und Regeln, die bei deren Verwendung eingehalten werden müssen. Das Meta-Aktivitätenmodell hingegen definiert die dynamischen Aspekte durch eine Beschreibung der einzelnen Schritte in der Vorgehensweise bei der Anwendung einer Methode. In diesem Abschnitt soll der Teil dieses Ansatzes, der die Datenseite beinhaltet vorgestellt werden. Dazu wird im folgenden das Meta-Datenmodell der ER-Modellierung in Ausschnitten dargestellt. Zur grafischen Darstellung seines Ansatzes wählt Brinkkemper (1990) eine Erweiterung der NIAM-Methode, die in Reusch und Wintraecken (1990) vorgestellt wird. Abbildung 3.4 zeigt das Meta-Datenmodell der ER-Methode. Die Kreise modellieren Entities, die Quadrate in den Beziehungen zeigen die verschiedenen Rollen der beteiligten Entities an. Ein Pfeil deutet an, daß die zur betreffenden Rolle gehörenden Entities nur einmal in der Beziehung vorkommen dürfen. Weiterhin können in NIAM Regeln grafisch dargestellt werden. Die Tatsache, daß in der in Abbildung 3.4 beschriebenen Form der ER-Modellierung eine Relationship immer genau zwei Entity types in Beziehung setzt, wird durch die gestrichelten Linien und den umrandeten Punkt angezeigt (zur Notation der NIAM-Methode siehe auch van Wintraecken (1990)).

Das in einem ersten Schritt erzeugte grafische Modell der Methode wird nun in eine Beschreibung in Prädikatenlogik erster Ordnung übersetzt. Die Mengen entsprechen den von der Methode zur Verfügung gestellten Modellierungskonstrukten, die Relationen modellieren die Beziehungen zwischen den Konstrukten und die Axiome definieren die Regeln für die betrachtete Methode.

Obwohl die hier vorgestellte Methode der Metamodellierung in hohem Maß redundant ist und nach Meinung des Autors der im NIAM-Diagramm nicht darstellbare Sachverhalt sich genauso eindeutig verbal formulieren ließe, wird im folgenden der Vollständigkeit halber ausschnittweise die Beschreibung des Meta-Datenmodells der ER-Modellierung in Prädikatenlogik erster Ordnung angegeben:

Gegeben seien:

E : die Menge der Entity-Typen
R : die Menge der Relationen
A : die Menge der Attribute
I : die Menge der identifizierenden Eigenschaften
C : die Menge der Kardinalitäten

Die Datenmodelle der ER-Modellierung werden durch die folgenden Prädikate definiert (vgl. hierzu Brinkkemper (1990), S. 91 f.). Das Prädikat *relate* beschreibt die Teilnahme von Entitätstypen aus der Menge E an Relationen aus der Menge R.

Prädikat *relate* **über** $E \times R \times E$

Für binäre Relationen in der ER-Modellierung gelten folgende Regeln. Eine Relation setzt immer zwei Entity-Typen zueinander in Beziehung. Die Zuordnung der an einer Relation beteiligten Entity-Typen ist eindeutig. Jeder Entity-Typ muß an mindestens einer Relation teilnehmen. Die folgenden Axiome beschreiben diese Regeln.

$$\forall r \in R \quad \exists e_1, e_2 \in E \quad [relate(e_1, r, e_2)]$$
$$\forall r \in R \quad \forall e_1, e_2, e_3, e_4 \in E \quad [relate(e_1, r, e_2) \wedge relate(e_3, r, e_4) \Rightarrow e_1 = e_3 \wedge e_2 = e_4]$$
$$\forall e_1 \in E \quad \exists e_2 \in E \quad \exists r \in R \quad [relate(e_1, r, e_2) \vee relate(e_2, r, e_1)]$$

Hier werden die schon in Abbildung 3.4 grafisch dargestellten Regeln wiederholt.

Die Möglichkeit, daß Instanzen desselben Entity-Typs miteinander in Beziehung stehen, wird bei Brinkkemper (1990) durch ein sogenanntes Hilfsprädikat *homogeneous* ausgedrückt.

Prädikat *homogeneous* **über** R

$$homogenous(r) \equiv \exists e \in E \quad [relate(e, r, e)]$$

Die Möglichkeit, daß eine Beziehung Instanzen desselben Entity-Typs assoziiert, ist auch ohne das Prädikat *homogeneous* nicht ausgeschlossen. Da Brinkkemper im weiteren Verlauf seiner Arbeit das Prädikat nicht verwendet, erscheint es für das Metamodell der ER-Methode überflüssig.

Zu jedem Entity-Typ gehört mindestens ein Attribut, ein Attribut gehört zu genau einem Entity-Typ. Das Prädikat *belong* und die folgenden Axiome stellen diesen Sachverhalt dar.

Prädikat *belong* **über** $A \times E$

$$\forall a \in A \quad \exists e \in E \quad [belong(a, e)]$$
$$\forall e \in E \quad \exists a \in A \quad [belong(a, e)]$$
$$\forall a \in A \quad \forall e_1, e_2 \in E \quad [belong(a, e_1) \wedge belong(a, e_2) \Rightarrow e_1 = e_2]$$

Auch hier werden durch die Darstellung der ER-Modellierung mit Hilfe der Prädikatenlogik keine weiteren Modellierungsregeln abgebildet.

Analog zu den obigen Prädikaten wird die Zugehörigkeit von Kardinalitäten zu Relationen ausgedrückt, weshalb an dieser Stelle auf eine Darstellung verzichtet wird. Die letzten beiden hier anzugebenen Prädikate sind diejenigen, welche die Identifikation von Entity-Typen beschreiben.

Prädikat *identify* **über** $I \times E$

Prädikat *is_part* **über** $A \times I$

$$\forall i \in I \quad \exists e \in E \quad [identify(i, e)]$$
$$\forall e \in E \quad \exists i \in I \quad [identify(i, e)]$$
$$\forall i \in I \quad \forall e_1, e_2 \in E \quad [identify(i, e_1) \wedge identify(i, e_2) \Rightarrow e_1 = e_2]$$
$$\forall e \in E \quad \forall i_1, i_2 \in I \quad [identify(i_1, e) \wedge identify(i_2, e) \Rightarrow i_1 = i_2]$$

Die einzige Regel für das Prädikat *is_part* sagt aus, daß jede Identifkationsstruktur aus Attributen besteht.

$$\forall i \in I \quad \exists a \in A \quad [is\_part(a, i)]$$

Bewertung

Der Ansatz von Brinkkemper (1990) stellt eine mächtige und präzise Methode zur Metamodellierung dar. Die Vorteile gegenüber einer rein grafischen Beschreibung erwachsen aus der Kombination von strukturierten grafischen mit formalen Beschreibungen. Ein Nachteil ist jedoch die Notwendigkeit, das Modell unter Verwendung zweier verschiedener Beschreibungsansätze zu entwickeln. Trotz der Integration des grafischen und des formalen Teilmodells führt diese Vorgehensweise zu redundanten Ergebnissen, die eine erhöhte Komplexität des Metamodells verursachen. Deshalb beschreiben beispielsweise Hong *et al.* (1993) Metamodelle objektorientierter Analysemethoden ausschließlich durch Diagramme in ER-Notation.

Der Aufbau des hier vorgestellten Ansatzes hat Ähnlichkeit mit der Beschreibung der Analysemethode in MAOOAM in Form von Grafik und Regeln, die allerdings nicht in Prädikatenlogik sondern verbal formuliert sind (vgl. hierzu die Herleitung des MAOOAM-Metamodells in Kapitel 4).

3.2.3   Das CC RIM Referenz-Metamodell Analyse

Im Rahmen des Forschungsprogramms CC RIM (Competence Center Rechnergestütztes InformationsManagement) wurde an der Hochschule St. Gallen in Zusammenarbeit mit mehreren Unternehmen aus der Schweizer Wirtschaft ein Referenz-Metamodell für die Analyse und das Design von Informationssystemen entwickelt (Österle und Gutzwiller (1992*a*)).

Färberböck *et al.* (1991) führen einen Vergleich von Methoden zur Systementwicklung auf der Basis ihrer methodenspezifischen Metamodelle durch. Das jeweilige Metamodell stellt die Komponenten der Entwicklungsergebnisse sowie deren Beziehungen untereinander dar. Hierbei wird zunächst für jede Phase der Systementwicklung ein Referenz-Metamodell definiert, über das die Methoden miteinander verglichen werden (vgl. Gutzwiller und Österle (1990), Gutzwiller und Österle (1991)). Das Modell zeigt die Datenseite des Entwurfs von Informationssystemen und „soll zeigen, welche Konzepte sich hinter den heute angewandten Analyse- und Designmethoden verbergen, wie sich diese Konzepte grundsätzlich in der Metastruktur niederschlagen und wie sie zusammenhängen"(Österle und Gutzwiller (1992*a*), S. 29). Auf die folgenden Analysemethoden ist das Referenzmodell übertragen worden: IEM (Martin und McClure (1985)), ISOTEC (ISOTEC (o.J.)), SSADM (Goodland (1994), Gane und Sarson (1979)), SA/SD (Yourdon (1989), McMenamin und Palmer (1984)). Die ge-

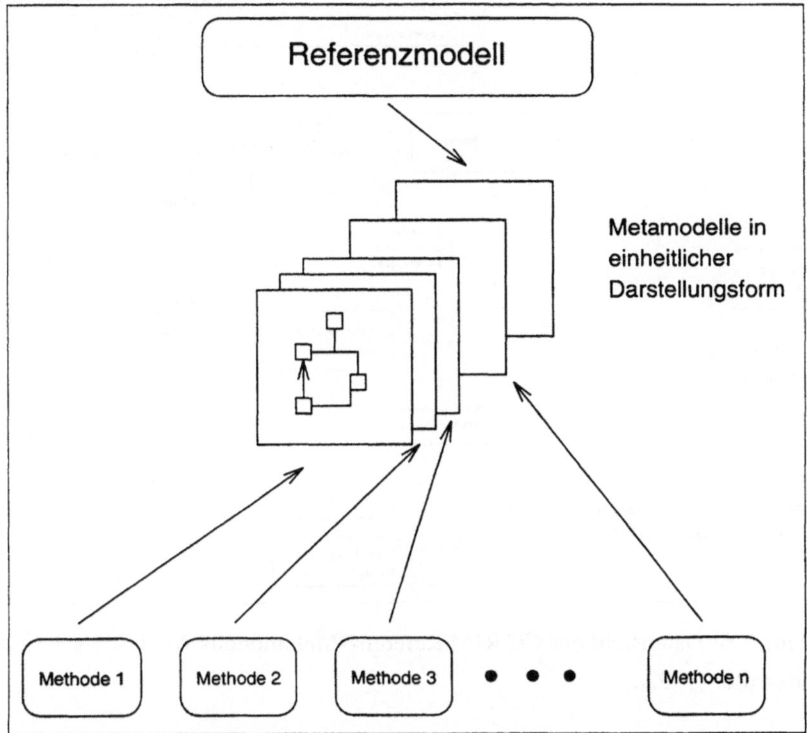

Abbildung 3.5: Konzept eines Methodenvergleichs mit Referenzmetamodellen

naue Beschreibung des Referenzbeispiels zur Übertragung findet man in Österle und
Gutzwiller (1992*b*). Die Struktur des Methodenvergleichs zeigt Abbildung 3.5.

Das in einem ersten Schritt entworfene Referenz-Metamodell beschreibt die Analyse
aus fünf verschiedenen Sichten. In der Funktionssicht erfolgt die Betrachtung von
Geschäftsfunktionen (Prozessen), der für diese Prozesse verantwortlichen organisato-
rischen Einheiten und der Ereignisse, die die Prozesse auslösen. Der Datenfluß wird
in der Kommunikationssicht beschrieben. Weitere Bestandteile dieser Sicht sind externe Agenten, Datenspeicher und wiederum organisatorische Einheiten, die für den
Datenfluß verantwortlich sind. Der Zusammenhang zwischen Geschäftsfunktionen
und Daten wird in der Datenverwendungssicht dargestellt. Die Datensicht beschreibt
Daten, deren Zustände und deren Beziehungen. Als letzte Sicht zeigt die Verhal-
tenssicht, wie von Ereignissen Funktionen ausgelöst sowie Zustandsänderungen und
Wertänderungen von Attributen veranlaßt werden.

Die Diagramme der einzelnen Sichten werden in Form von ER-Diagrammen entworfen, wobei sog. fundamentale Komponenten und Verbindungskomponenten, die

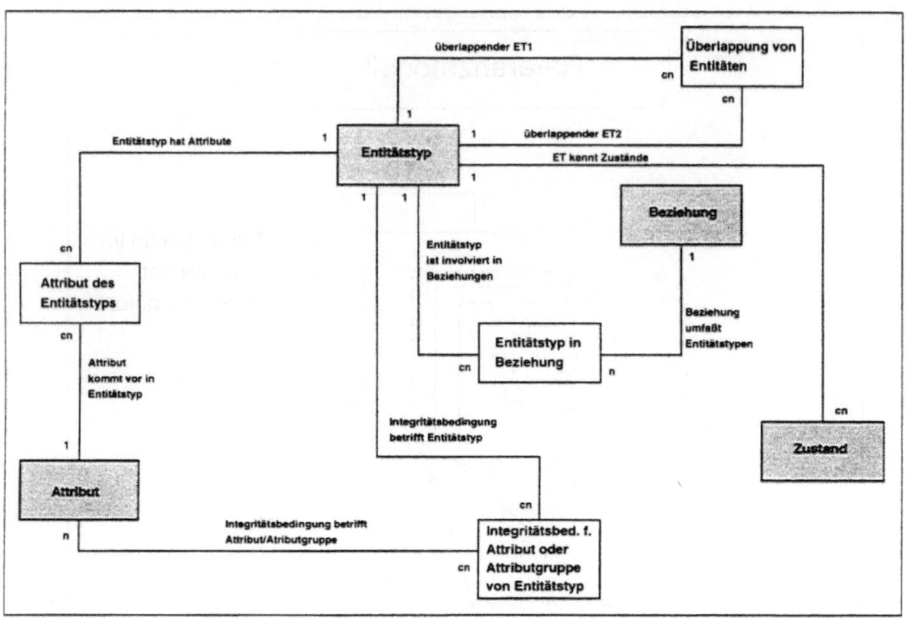

Abbildung 3.6: Datensicht des CC RIM Referenz-Metamodells Analyse nach Österle und Gutzwiller (1992*a*)

von den fundamentalen Komponenten abhängen, unterschieden werden. Es sind nur binäre Relationen zugelassen. Um einen Überblick von Komplexität und Detaillierung zu vermitteln, zeigt Abbildung 3.6 die Datensicht des Ansatzes. Die grau unterlegten Entitätstypen entsprechen den fundamentalen Komponenten.

Bewertung

Der CC RIM Vorschlag eines Metamodells ist in Struktur und Inhalt sehr ähnlich der Vorgehensweise von Olle *et al.* (1991). Die ER-Notation mit der zusätzlichen Unterscheidung von unabhängigen und abhängigen Komponenten lassen den Ansatz, bzw. die Transformation des Metamodells auf Analysemethoden in der Regel sehr komplex werden (vgl. hierzu Barthmes (1991)).

Die Trennung der Teilsichten des Metamodells führt auch hier wie bei der Methode von Olle *et al.* (1991) zur eingeschränkten Eignung für die Beschreibung objektorientierter Entwurfsmethoden.

3.3 Metamodelle für objektorientierte Analysemethoden

Metamodelle objektorientierter Methoden sind bisher noch nicht in gleichem Umfang im Einsatz wie die der klassischen Methoden. Dies ist mit der bisher noch nicht erfolgten Standardisierung der Konzepte objektorientierter Methoden zu erklären, auf die schon in Abschnitt 2.1.2.2 hingewiesen wurde. In diesem Abschnitt werden einige der bisher veröffentlichten Metamodelle objektorientierter Entwicklungsmethoden dargestellt. Die hier vorgestellten Ansätze lassen sich zwei verschiedenen Gruppen zuordnen. Die erste Gruppe enthält Metamodelle, die mit dem Ziel entwickelt worden sind, die Konzepte der objektorientierten Entwicklung methodenunabhängig darzustellen; während die zweite Gruppe aus methodenspezifischen Metamodellen besteht.

3.3.1 Das OMG-Referenzmodell Analyse und Design

Die Object Management Group (OMG) ist eine 1989 von Hard- und Softwareherstellern gegründete Vereinigung, die sich zur effizienteren Entwicklung komplexer verteilter Anwendungen die Standardisierung in der Objekttechnologie zum Ziel gesetzt hat. Zur Zeit gehören der OMG ca. 350 Mitglieder an. Die Schwerpunkte der Arbeit der OMG liegen vor allem auf dem Gebiet der objektorientierten Datenbanken, der verteilten Anwendungen sowie der Analyse und des Designs (Rösch (1994)). Die bekanntesten Standards dieser Vereinigung sind der CORBA-Standard (Common Object Request Broker Architecture, OMG (1992*a*)) und der Datenbankstandard der ODMG (Object Database Management Group), der die Architektur von Schnittstellen (Object Model, Object Definition Language, Object Query Language sowie C++ Language Binding) objektorientierter Datenbanksysteme beschreibt (vgl. zur Entwicklung des ODMG-93-Standards Cattell (1994*b*)). Die ersten kommerziellen Implementierungen für beide Standards sind bereits vorhanden.

Die Object Analysis and Design Special Interest Group der OMG hat mit dem *Reference Model Object Analysis and Design* (vgl. OMG (1994)) ein Metamodell für objektorientierte Entwicklungsmethoden vorgeschlagen. Vor dem Hintergrund einer ständig wachsenden Anzahl dieser Entwicklungsmethoden soll der Vorschlag der OMG für einen Vergleich und für eine einheitliche Beschreibung objektorientierter Methoden verwendet werden. Das Modell besteht aus den Subjekten[1] Lebenszyklus,

---

[1] Der Begriff Subjekt wird in diesem Zusammenhang in der Bedeutung von Spezialgebiet verwendet

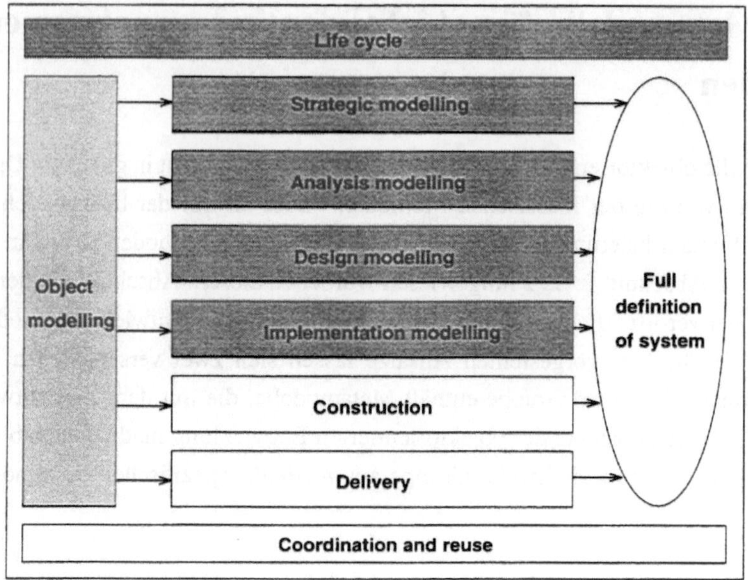

Abbildung 3.7: Struktur des Referenzmodells nach OMG (1992*b*)

strategische Modellierung, Analyse, Design und Implementation. Die Bestandteile jedes Ansatzes, der auf Basis des OMG-Referenzmodells untersucht wird, müssen ebenfalls den Subjekten zugeordnet werden, innerhalb derer eine detaillierte Betrachtung stattfindet. In Abbildung 3.7 ist die Struktur des Ansatzes dargestellt, die grau unterlegten Kästen symbolisieren die Bestandteile des Referenzmodells Analyse und Design.

Objektmodellierung (Object modelling)

Die Objektmodellierung stellt mit den Basiskonzepten und -techniken der Objektorientierung einen Rahmen für die Standardisierung von Analyse- und Designvorgängen zur Verfügung. Abbildung 3.8 zeigt die von der OMG vorgesehenen Konzepte, die in den verschiedenen Phasen der Systementwicklung umgesetzt werden. Im Systemdesign und in der Modellierung der Implementation (Implementation modelling) werden zusätzliche Objekte wie Dateien, Fenster, Module etc. betrachtet.

---

und nicht im Sinne von Modul oder Subsystem wie in Coad und Yourdon (1991*a*) oder Schader und Rundshagen (1994) sowie auch in der vorliegenden Arbeit.

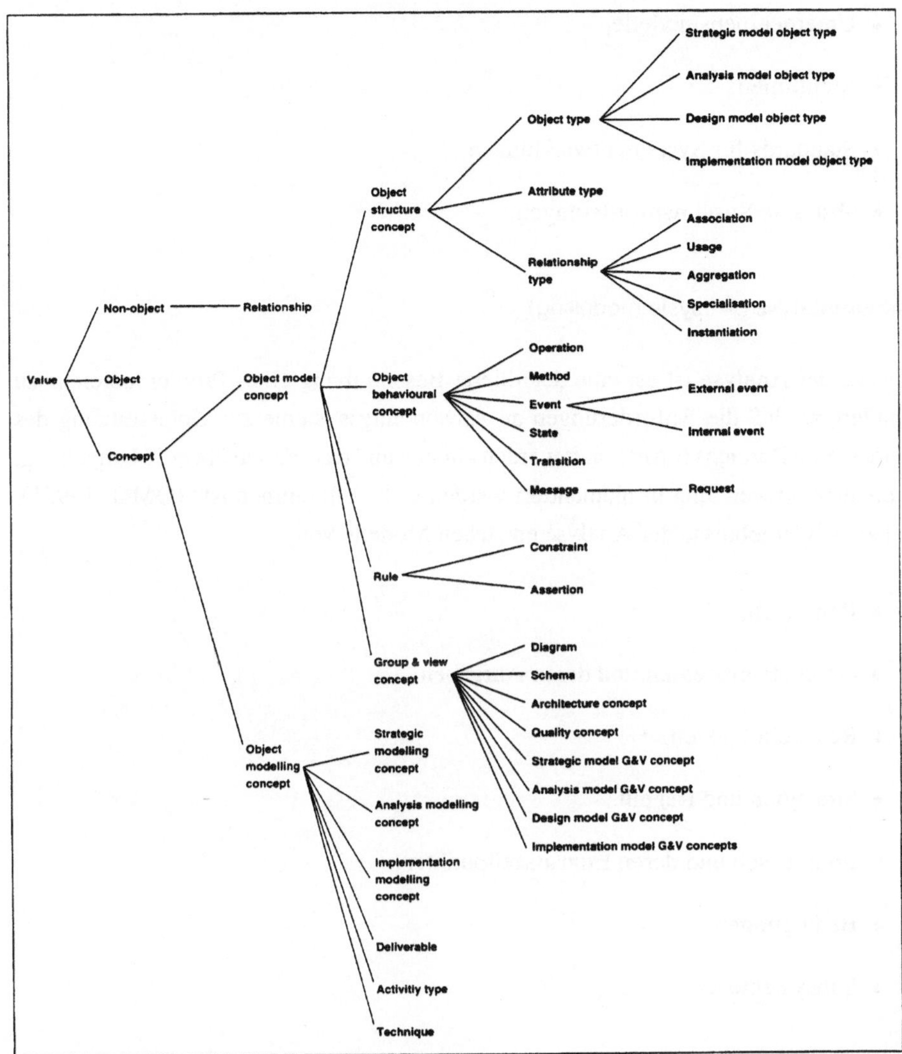

Abbildung 3.8: Basiskonzepte der Objektmodellierung nach OMG (1992*b*)

Strategische Modellierung (Strategic modelling)

Die strategische Modellierung besitzt große Ähnlichkeit mit der Unternehmensmodellierung. Sie soll einen generellen Rahmen für die Systementwicklung einer Unternehmung schaffen, indem ein Modell der Organisation erstellt wird, das u.a. auch finanzielle und technologische Rahmenbedingungen berücksichtigt. Typische Ergebnisse dieser Phase sind:

- Unternehmensmodelle,

- Richtlinien,

- Standards für Systementwicklungen,

- abstrakte Systemanforderungen.

Systemanalyse (Analysis modelling)

„Zweck der Analyse ist es, eine detaillierte Beschreibung eines Problembereichs zu erhalten, so daß die Anforderungen an Anwendungssysteme zur Unterstützung des betrachteten Bereichs formalisiert werden können und das Wissen über die Umgebung, in die eine Anwendung implementiert werden soll, vollkommen ist" (OMG (1992*b*), S. 19). Als Ergebnisse der Analyse entstehen Modelle von

- Benutzern,

- Geschäftsprozessen und deren Aufgaben,

- Realweltobjekten,

- Strategien und Regeln,

- Ereignissen und deren Eintrittszeitpunkten,

- Bedingungen,

- Subsystemen.

Systemdesign (Design modelling)

Das Systemdesign modelliert die externe Sicht auf ein Anwendungssystem und die damit verbundenen Objekte.

Modellierung der Implementation (Implementation modelling)

Ergebnis dieses Schritts ist nach OMG (1992*b*) eine möglichst systemunabhängige implementierbare Beschreibung des Anwendungssystems. Im Sinne der OMG Analysis and Design Special Interest Group sollen in dieser Phase Implementationsmodelle entworfen werden, die in Klassenbibliotheken, die die OMG-Spezifikationen erfüllen, übernommen werden können.

Abschließend bleibt zum Ansatz der OMG noch zu sagen, daß er als einziger zusätzlich zu den Konzepten auch die notwendigen Aktivitäten beschreibt, sowie explizit Konsistenzprüfung fordert.

3.3.2 Weitere objektorientierte Ansätze

3.3.2.1 COOMM

Carmichael (1994) schlägt mit dem COOMM (Common Object-Oriented Meta-Model) einen Ansatz vor mit dem Ziel, „die Konzepte vieler objektorientierter Methoden zu vereinheitlichen" (Carmichael (1994), S. 324). Als Notation wurde SYNTAX.1 des CDIF-Standards (vgl. CDIF (1991)) gewählt, um eine methodenunabhängige Darstellung zu erhalten, die außerdem Schnittstellen zur Einbindung von Bibliotheken und Werkzeugen ermöglicht. Die Methode soll in Zukunft kompatibel zu Standards wie CORBA (OMG (1992*a*)), OMG Reference Model (OMG (1994)) oder PCTE (Portable Common Tool Environment (Bertram *et al.* (1993))) weiterentwickelt werden. Der Schwerpunkt von COOMM liegt auf der Beschreibung der Definition von Klassen und Strukturen, der Prozeß der Definition und die Syntax werden hingegen nicht betrachtet. Konstrukte dieses Metamodells sind Klassen, ihre Schnittstelle und der sog. Klassenkörper, der die interne Realisation darstellt.

3.3.2.2 Der Ansatz von Hong et al.

Hong *et al.* (1993) entwerfen Metamodelle, um auf dieser Basis einen formalen Vergleich objektorientierter Analyse- und Designmethoden durchzuführen. Ausgehend von bereits im Zusammenhang mit der Darstellung objektorientierter Datenmodelle gesammelten Erfahrungen (vgl. hierzu Hong und Maryanski (1990*a,b*)) werden für die betrachteten Methoden jeweils ein Meta-Daten- und ein Meta-Prozeßmodell entworfen. Verglichen werden die folgenden Ansätze: OOD nach Booch (1991*b*), OOA nach Coad und Yourdon (1991*a*), OMT nach Rumbaugh *et al.* (1991), OOSA nach Shlaer und Mellor (1988) sowie RDD nach Wirfs-Brock *et al.* (1990). Das Datenmodell wird mit der Extended Entity-Relationship Notation entworfen, wie sie in Elmasri und Navathe (1989) beschrieben wird. Zur grafischen Darstellung der Prozeßmodelle werden die in Brinkkemper *et al.* (1990) vorgestellten sog. *Task Structure Diagrams* benutzt.

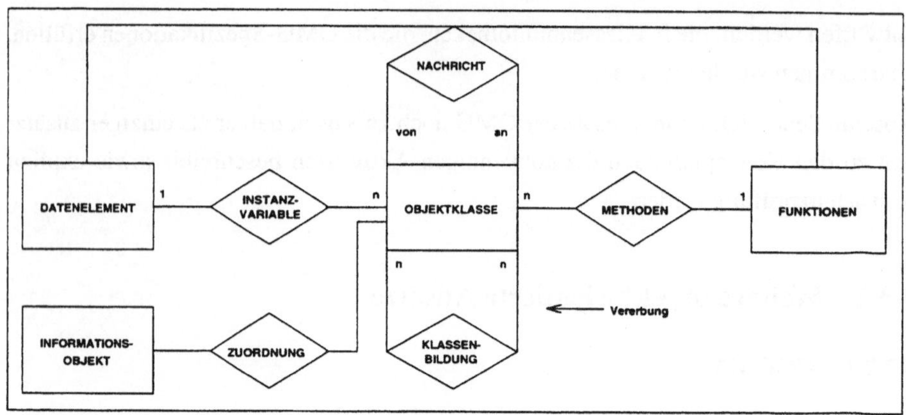

Abbildung 3.9: Metamodell objektorientierte Entwicklung nach Scheer (1991)

3.3.2.3   Der ARIS-Ansatz

Ein Referenzmodell für integrierte Informationssysteme entwirft Scheer (1991) mit
ARIS (**Architektur integrierter Informationssysteme**). Wie die in den Abschnitten
3.2.1 und 3.2.3 dargestellten Ansätze benutzt ARIS ebenfalls drei Sichtweisen zur Modellierung von Systemen. Die Beschreibung erfolgt durch die Daten-, Organisations-
und Funktionssicht, koordiniert werden die drei Sichten durch die Steuerungssicht.
Das von Scheer (1991) vorgeschlagene Metamodell für die objektorientierte Anwendungsentwicklung wird der Steuerungssicht zugeordnet, da Daten- und Funktionssicht
durch die Kapselung von Attributen und Methoden innerhalb der Objekte koordiniert
werden. Die Einordnung des in Abbildung 3.9 dargestellten Metamodells ist in Heß
(1991) ausführlich beschrieben.

3.3.3   Methodenspezifische Metamodelle

Zahlreiche Publikationen objektorientierter Analysemethoden enthalten ein Metamodell, das die eigene Methode unter Verwendung der methodenspezifischen Notation
beschreibt. Die frühesten Vertreter dieser Gruppe waren Coad und Yourdon (1991*a*),
die den Aufbau ihres Klassendiagramms in einem OOA-Modell darstellen (vgl. Abbildung 3.10). Einen ähnlichen Ansatz schlagen beispielsweise Embley *et al.* (1992)
für die Methode OSA vor. Der gemeinsame Mangel dieser Vorschläge liegt in der
ausschließlichen Beschreibung der korrekten syntaktischen Anwendung der Analyse-
konstrukte. Das Metamodell von Coad und Yourdon (1991*a*) beschreibt außerdem mit

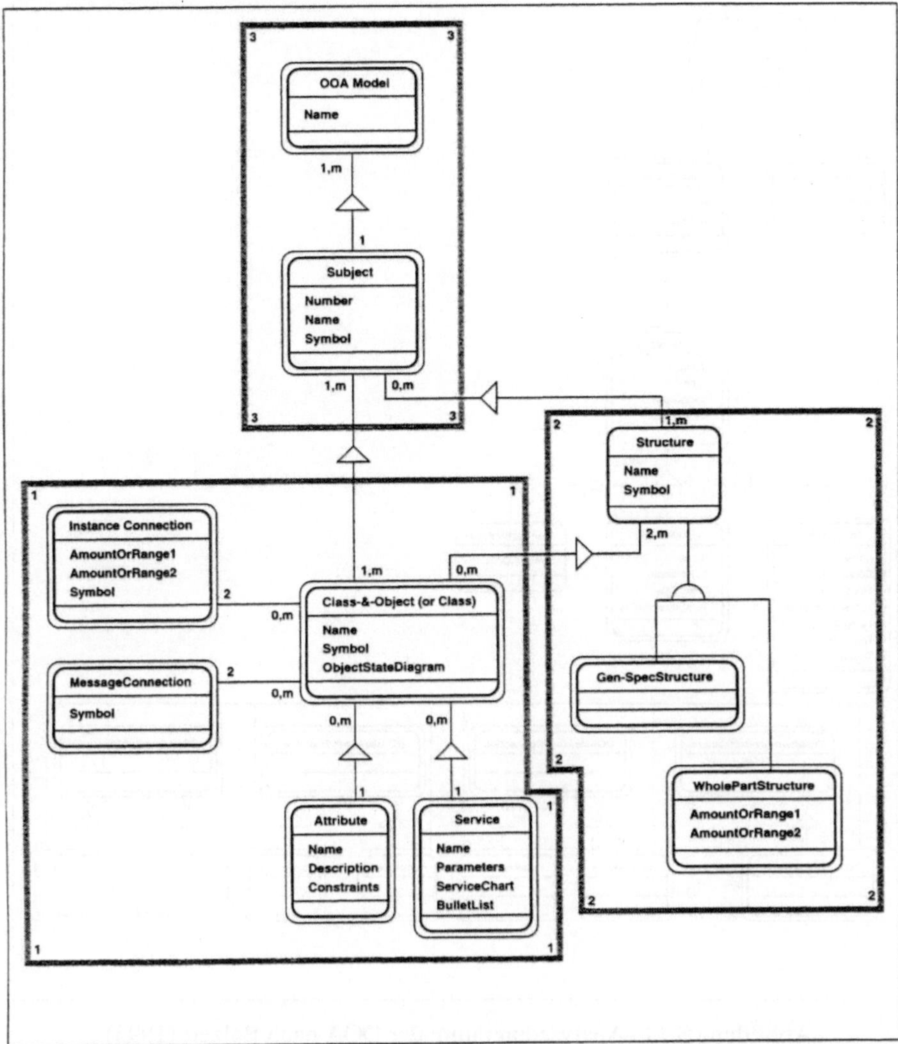

Abbildung 3.10: Analysediagramm der OOA nach Coad und Yourdon (1991*a*)

dem Klassendiagramm nur einen Teil der Methode. Die Zustandsdiagramme sowie die Klassenspezifikationen werden nicht berücksichtigt.

Balzert (1993) entwirft im Rahmen eines Projekts zur automatischen Generierung grafischer Benutzerschnittstellen ein Metamodell der Analysemethode nach Coad und Yourdon (1991*a*) (vgl. Abbildung 3.11). Ein Vergleich der beiden Metamodelle der OOA zeigt, daß die Darstellung einer Methode in einem Metamodell nicht eindeutig ist.

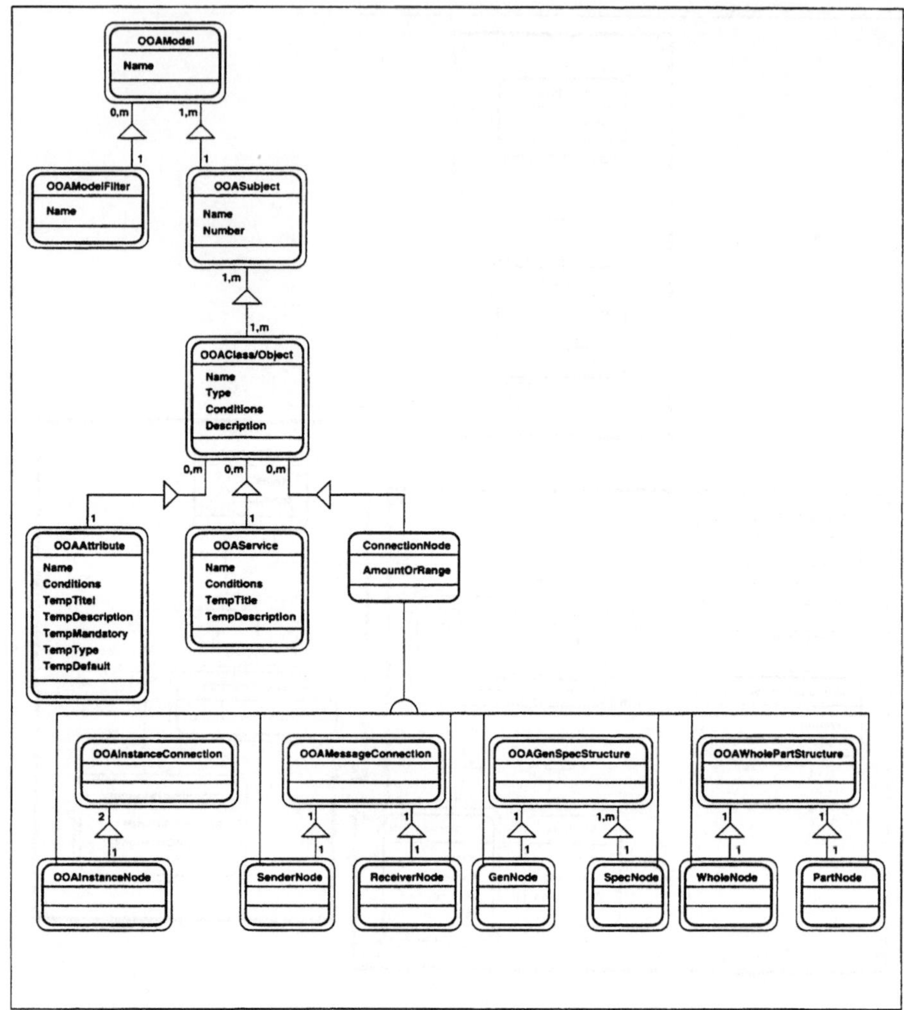

Abbildung 3.11: Analysediagramm der OOA nach Balzert (1993)

3.4   Andere Ansätze

Neben den bisher vorgestellten Ansätzen zur Methodenbeschreibung durch Metamodelle sind zahlreiche andere Publikationen zu diesem Themengebiet erschienen, die jedoch im Hinblick auf Ausrichtung und Schwerpunkte nur geringen Einfluß auf die vorliegende Arbeit hatten und deshalb nur in der gebotenen Kürze vorgestellt werden.

Loucopoulos *et al.* (1987) schlagen einen mit Brinkkemper *et al.* (1990) verwandten Ansatz vor, der mit Hilfe von sogenannten Modellierungsprimitiven, die jeweils

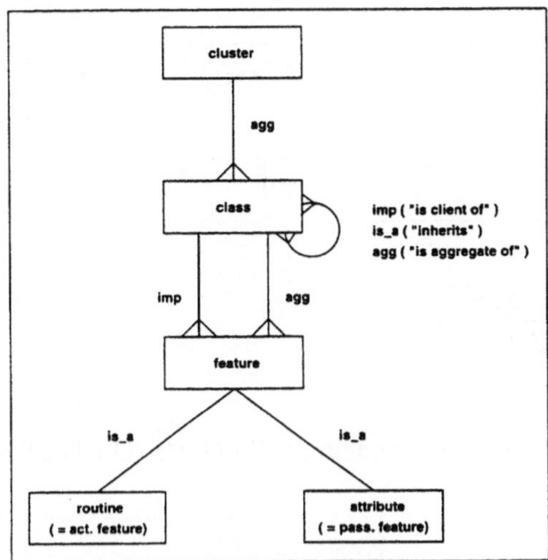

Abbildung 3.12: Metamodell objektorientierte Entwicklung nach Hesse (1990)

nicht zerlegbare semantische Grundkonstrukte darstellen, verschiedene Methoden beschreibt. Ziel dieser Vorgehensweise ist es jedoch, den optimalen Methodenverbund objektiv zusammenzustellen.

Potts (1989) entwirft ein generisches Modell zur Beschreibung von Designmethoden. Das Modell stellt die jeweiligen Methoden mit Hilfe ihrer Dokumente, der im Rahmen des Methodeneinsatzes notwendigen Tätigkeiten (Schritte), Fragen und deren potentiellen Antworten zur Überprüfung einzelner Dokumente sowie Argumenten zur Bewertung der Antworten dar. Die methodenspezifischen Metamodelle enthalten noch Spezialisierungen der hier dargestellten Modellkomponenten, wobei die Beziehungen zwischen diesen an die abgeleiteten Komponenten vererbt werden.

Hesse (1990) entwirft jeweils ein Metamodell für die klassische und für die objektorientierte Anwendungsentwicklung, um diese beiden Paradigmen auf einer abstrakten formalen Ebene zu vergleichen. Abbildung 3.12 zeigt den Vorschlag von Hesse zur abstrakten Beschreibung der objektorientierten Entwicklung.

In Steffens (1992) wird für das Projekt *OrgIS* (**Org**anisationsinformationssystem) des Lehrstuhls für Allgemeine Betriebswirtschaftslehre, Organisation und Wirtschaftsinformatik der Universität Mannheim ein Meta-Datenmodell vorgestellt. Die in Abbildung 3.13 dargestellte Datenmodellbasis in *OrgIS* stellt das minimale Objekttypennetz der Metaebene dar. Das Metamodell wird in Nikel (1994) zur Ableitung eines Referenzmodells für operative Vertriebsfunktionen erweitert. Abbildung 3.14 zeigt die Einordnung des Metamodells in das *OrgIS*-Schema. Auch hier wird noch einmal

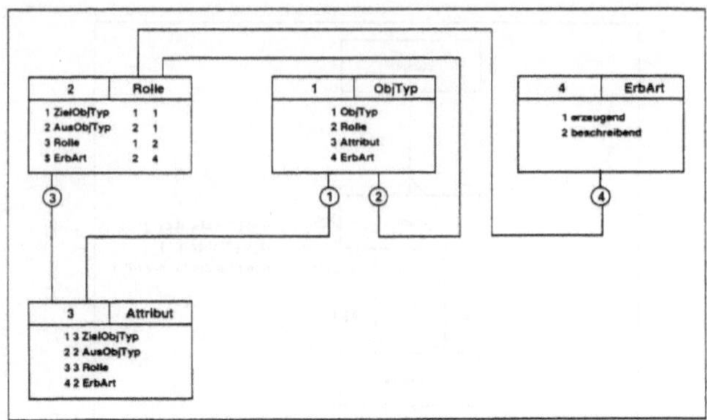

Abbildung 3.13: Die Datenmodellbasis in *OrgIS* (Quelle: Steffens (1992))

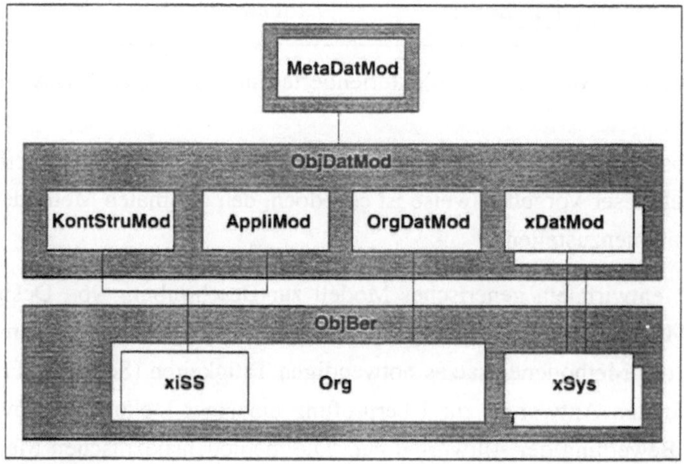

Abbildung 3.14: Das *OrgIS*-Schema (Quelle: Steffens (1992))

deutlich, daß Metamodelle auf einer der Datenmodellierung übergeordneten Abstraktionstufe anzusiedeln sind.

Kapitel 4

Das MAOOAM-Metamodell

Gegenstand dieses Kapitels ist der Entwurf von Metamodellen für die statische und dynamische Sicht der objektorientierten Analysemethode MAOOAM. Daran anschließend sollen diese Teil-Metamodelle in ein Gesamtmodell integriert werden. Ausgehend von den Ergebnissen des Kapitel 3 wird zunächst die Art der Darstellung des MAOOAM-Metamodells diskutiert. Im Anschluß daran werden die Grundlagen für die Herleitung der Regeln zur Anwendung der MAOOAM-Methode, die Basis der Metamodellierung sind, vorgestellt. Den Schwerpunkt bildet schließlich die Entwicklung der Teil-Metamodelle mit Hilfe von Vorschriften zum konsistenten Einsatz der MAOOAM-Modellierungskonstrukte.

4.1   Grundlagen

Die Möglichkeiten zur Darstellung von Metamodellen und zur Strukturierung ihrer Herleitung sind vielfältig. Im folgenden Abschnitt wird die in dieser Arbeit verwendete grafische Darstellungsform begründet, bevor in Abschnitt 4.1.2 ausgehend vom Qualitätsbegriff in der Datenmodellierung die gewählte Vorgehensweise strukturiert wird.

4.1.1   Darstellungsform des Modells

Die in den Abschnitten 3.2.1 bis 3.3 beschriebenen Beispiele aus dem Umfeld der Datenmodellierung und Systemanalyse haben gezeigt, daß es prinzipiell unterschiedliche Formen zur Darstellung von Metamodellen gibt. Neben der Darstellung als semantisches Datenmodell in der Notation einer Datenmodellierungsmethode, wie der in vielen Fällen verwendeten ER-Modellierung, wird häufig auch die Beschreibung mit Hilfe von Prädikatenlogik gewählt (zu semantischen Datenmodellen siehe Hull und King (1987)).

Die Vorteile eines logischen Ansatzes wie der Prädikatenlogik liegen zum einen in der theoretischen Fundierung, zum anderen in der Möglichkeit der flexiblen Erweiterung durch einfaches Hinzufügen neuer Ausdrücke, ohne die Notwendigkeit der Veränderung bisher formulierter Aussagen. Nachteile sind vor allem in der schwierigen Konsistenzsicherung zu sehen. (Vgl. zur Eignung der Prädikatenlogik in der Metamodellierung auch Hars (1994), der die grundsätzlichen Einsatzmöglichkeiten verschiedener Paradigmen in der Metamodellierung bewertet.)

Grafische Repräsentationen von Metamodellen bieten neben der positiven Eigenschaft der einfacheren Kommunizierbarkeit den Vorteil, daß für die Formulierung eines Metamodells die Notation der zu beschreibenden Methode verwendet werden kann. Wesentlicher Nachteil einer grafischen Darstellung ist jedoch die oft geringe Mächtigkeit der Notation. Jedes semantische Datenmodell kann zwar in einem prädikatenlogischen Ausdruck formuliert werden, die Umkehrung gilt jedoch nicht. Beispiele zu semantischen Datenmodellen und ihrer Formulierung in Prädikatenlogik findet man in Hammer und McLeod (1981).

Das in diesem Kapitel entwickelte Metamodell der objektorientierten Analysemethode MAOOAM wird unter Verwendung der Notation des statischen Systemmodells dargestellt. Um den Nachteil der geringeren Mächtigkeit einer grafischen Darstellung aufzuheben, werden die grafisch nicht darstellbaren Regeln des Ansatzes in die Klassenbeschreibung der betrachteten Klassen des Metamodells aufgenommen. Die von dieser Vorgehensweise betroffenen Klassen sind im Anschluß an das Metamodell dokumentiert.

4.1.2 Grundlagen zur Ableitung von Konsistenzregeln

Die Möglichkeit zur Überprüfung eines Analyseergebnisses auf konsistente Modellierung ist ein entscheidendes Kriterium für die effiziente Unterstützung (im Sinne von Verkürzung der Entwicklungszeit und Verbesserung der Qualität) der verwendeten Methode durch CASE-Tools und unabdingbar für die Qualitätssicherung in der Systemanalyse. Der Tooleinsatz in der Qualitätssicherung wird in Thiel (1992) bzw. in Deutsche Gesellschaft für Qualität e.V. (1992) dargestellt.

Die Qualität von objektorientierten Analyse- und Designergebnissen wird in der Literatur sehr unterschiedlich definiert. Love (1991) gibt beispielsweise 22 in seinen

Augen „zeitlose" allgemeine Prinzipien zur Verbesserung der Designqualität an. Weitere Richtlinien zur Beurteilung der Güte einer Analyse oder eines Designs findet man bei Chidamber und Kemerer (1991) oder Yourdon (1993).

Lindland *et al.* (1994) unterscheiden bei der konzeptionellen Modellierung drei verschiedene Qualitätsarten, die an dieser Stelle als Grundlage für die Einordnung von Mängeln, die in der Systemanalyse auftreten können, verwendet werden sollen[1]:

- **Syntaktische Qualität**, die sich mit Hilfe einfacher Syntaxprüfungen auf der Basis einer formal definierten Syntax erreichen läßt.

  Die Tatsache, daß eine MAOOAM-Vererbungsstruktur nur an den Klassenrahmen der Klassensymbole des statischen Modells enden darf, ist Bestandteil dieser Qualitätsart.

- **Semantische Qualität**, deren Ziel ein Analysemodell mit möglichst großer Vollständigkeit bzw. Übereinstimmung mit dem betrachteten Realweltausschnitt ist. Zur Sicherung einer möglichst hohen semantischen Qualität werden Konsistenzprüfungen mit eventuell nachfolgenden Erweiterungen oder Änderungen der Ergebnisse durch Einfügen oder Löschen von Modellierungskonstrukten durchgeführt.

  Als Beispiel ist hier die in MAOOAM verbotene Modellierung zyklischer Vererbungsstrukturen oder Aggregationsbeziehungen zu nennen.

- **Pragmatische Qualität**, die die Übereinstimmung des Modells mit den Erwartungen der zukünftigen Anwender beschreibt. Mögliche Maßnahmen zur Erhöhung der Qualität in diesem Bereich sind Visualisierung, Simulation oder Erklärungen des Modells. Gossain (1994) beschreibt die Aufnahme von Regeln aus dem betrachteten Problembereich in das Analysemodell zur Erhöhung der pragmatischen Qualität.

  Hier werden Sachverhalte des zugrundeliegenden Problembereichs dargestellt. Beispielsweise ist die Tatsache, daß ein Kunde immer nur einen einzigen Ansprechpartner in der Firma hat, unter Umständen eine Regel, die die pragmatische Qualität betrifft.

Die Klassifizierung der Qualitätsarten wird im folgenden als Kriterium zur Gruppierung von Regeln, die zur Bewertung der Konsistenz eines Analysemodells formuliert werden, verwendet. Daraus ergibt sich die Einteilung in syntaktische und semantische

---

[1]Explizite Qualitätsmerkmale formuliert beispielsweise Rautenstrauch (1992).

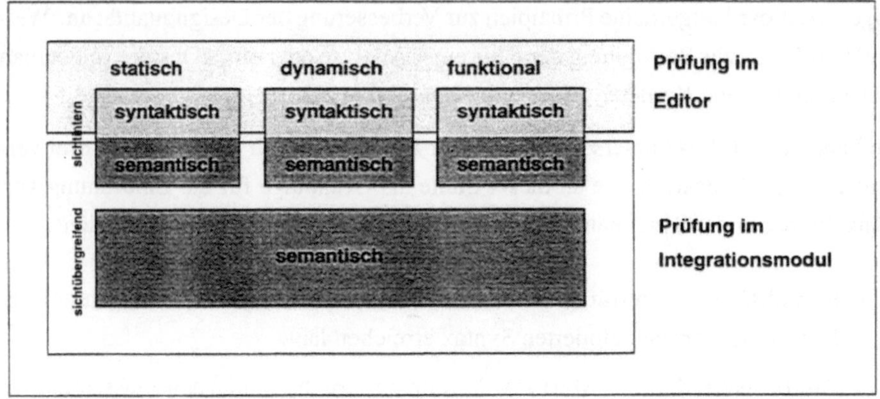

Abbildung 4.1: Arten von Konsistenzregeln in MAOOAM und ihre Prüfung

Regeln. Der pragmatischen Qualität entsprechen keine Regeln, da gerade dieses Gebiet stark von den Erfahrungen und Vorstellungen der zukünftigen Anwender geprägt
ist (vgl. hierzu Baber (1992)). Sie wird auf der Basis informeller Tatsachen überprüft
und ist somit auch nicht automatisiert zu kontrollieren oder zu verbessern.

In der vorliegenden Arbeit werden für den MAOOAM-Ansatz syntaktische und semantische Regeln formuliert, die ein konsistentes Analysemodell beschreiben. Syntaktische Regeln, die sich nur auf eine einzelne Sicht des MAOOAM-Analysemodells
beziehen, werden innerhalb der zugehörigen grafischen Editoren implementiert und
können schon bei der Erstellung eines Modells automatisch beachtet werden, d.h.
es ist unmöglich, ein syntaktisch fehlerhaftes Teilmodell zu erstellen. Alle anderen
Regeln, also die sichtinternen semantischen sowie die sichtübergreifenden syntaktischen und semantischen Regeln, werden durch ein eigenes Modul zur Integration der
Teilsichten und Konsistenzprüfung des Gesamtmodells umgesetzt. Abbildung 4.1
zeigt die Arten von Konsistenzregeln für den MAOOAM-Ansatz und ordnet sie dem
zugehörigen Prüfwerkzeug zu. Es ist zu erkennen, daß sichtspezifische syntaktische
Regeln ausnahmslos direkt im jeweiligen Editor geprüft werden. Da sich syntaktische
und semantische Regeln nicht immer eindeutig voneinander unterscheiden lassen,
werden in dieser Arbeit die Regeln, die nur im Integrationsmodul abprüfbar sind, als
semantische Regeln eingestuft.

Bedingt durch die Struktur der MAOOAM-Methode lassen sich die im Integrationsmodul prüfbaren Konsistenzregeln in vier unterschiedliche Gruppen einteilen. Jeweils
eine Gruppe von Regeln beschreibt den konsistenten Einsatz der Modellierungskonstrukte innerhalb einer Sicht, die jeweils in sichtinterne Teil-Metamodelle überführt
werden.

Ein Grundproblem bei der Prüfung eines Analysemodells auf syntaktische und semantische Korrektheit bilden die Abhängigkeiten der Teilsichten untereinander, da die logischen Zusammenhänge zwischen Modellierungskonstrukten verschiedener Teilsichten oft nur unzureichend spezifiziert sind (vgl. hierzu auch Henderson-Sellers und Edwards (1994*b*)). Deshalb enthält die vierte Gruppe von Regeln die für die korrekte Integration der drei Sichten notwendigen Kriterien. Für die Integration verschiedener Sichten machen Nuseibeh *et al.* (1993) einen generellen Vorschlag, der sich toolgestützt durchführen läßt. Bei dem dort dargestellten Ansatz werden am Beispiel von Anforderungsspezifikationen Regeln definiert, die eine Kontrolle der Konsistenz verschiedener Sichten auf einen Problembereich ermöglichen.

Die für eine automatische Konsistenzprüfung notwendigen formal definierten Zusammenhänge[2] zwischen einzelnen Bestandteilen einer Methode lassen sich durch ein Metamodell, wie es in Abschnitt 4.5 dargestellt wird, beschreiben. Als Notation für eine solche grafische Beschreibung der Methode wird die Notation des statischen Systemmodells gewählt, da die Zusammenhänge zwischen Modellkomponenten (Konstrukte und Dokumente) weitgehend statischer Natur sind. Genaugenommen wird im folgenden ein Meta-Objektmodell entworfen. Ähnliche Ansätze findet man beispielsweise in Coad und Yourdon (1991*a*) oder in Embley *et al.* (1992) für die dort vorgestellten Methoden, sowie in Balzert (1993), der ein Metamodell der OOA für die automatische Generierung von Benutzeroberflächen entwickelt (vgl. hierzu auch die Ausführungen in Abschnitt 3.3.3).

Inhalt der folgenden Abschnitte ist die Definition der Konsistenzregeln für jede Sicht des Analyseansatzes. Aus den Regeln wird jeweils in einem zweiten Schritt ein auf die betrachtete Sicht beschränktes Metamodell entwickelt. Die sichtspezifischen Metamodelle werden daraufhin in ein Metamodell, das die gesamte Methode beschreibt, integriert.

Die jeweiligen syntaktischen Regeln bedürfen im allgemeinen keiner weiteren Erläuterung, da sie durch den Symbolvorrat der Methode und durch die Regeln zur Kombination der Symbole genau festgelegt sind. Bei semantischen Konsistenzregeln ergeben sich hingegen eine Reihe von Diskussionsmöglichkeiten, die einerseits aus der unterschiedlichen Qualität der Regeln entspringen (in der Praxis bedeutet dies den Unterschied zwischen einer Fehlermeldung und einer Warnung), andererseits ist die Ableitung semantischer Konsistenzregeln nicht immer eindeutig (vgl. hierzu Welland

---

[2]Der Bedarf zur formalen Spezifikation im objektorientierten Softwareentwurf hat u.a. zur Erweiterung von vorhandenen formalen Methoden geführt (vgl. beispielsweise die Erweiterung von VDM zu VDM++, wie sie in Dürr und van Katwijk (1992) beschrieben wird).

et al. (1990)). Im folgenden werden daher die Regeln, die die Syntax betreffen, ohne detaillierte Erörterung angegeben. Semantische Konsistenzregeln werden jedoch
ausführlich erläutert und teilweise durch Beispiele illustriert. Weiterhin ist die Darstellung der Reaktion auf eine Regelverletzung entweder als Fehlermeldungen oder
Warnungen Gegenstand der Diskussion.

4.2 Statisches Systemmodell

Das statische Systemmodell stellt, wie schon in Abschnitt 2.3 beschrieben, den
Schwerpunkt der Ergebnisse einer mit der MAOOAM-Methode durchgeführten Systemanalyse dar. Dies liegt unter anderem daran, daß die Integration der anderen
Teilmodelle zum großen Teil in das statische Modell erfolgt (vgl. hierzu Schader und
Rundshagen (1994)). Aus diesem Grund wird der größte Teil der in dieser Arbeit
aufgestellten Regeln sich auf dieses Teilmodell beziehen.

4.2.1 Syntaktische Regeln

Die Bedeutung der ersten Gruppe von Regeln ist unmittelbar einsichtig. Hier wird
gewährleistet, daß jedes Konstrukt des statischen Modells, das nicht Objekte oder
Klassen zueinander in Beziehung setzt, durch einen Namen identifiziert ist.

Regel 1 *Jede Klasse besitzt einen Klassennamen, jeder Klassenname gehört zu genau
einer Klasse.*

Regel 2 *Jedes Attribut besitzt einen Attributnamen, jeder Attributname kann zu einem
oder mehreren Attributen gehören.*

Regel 3 *Jede Methode besitzt einen Methodennamen, jeder Methodenname kann zu
einer oder mehreren Methoden gehören.*

Regel 4 *Jedes Subjekt besitzt einen Subjektnamen, jeder Subjektname gehört zu genau
einem Subjekt.*

Die Modellierung dieser Regeln setzt die Einführung einer Klasse Name voraus, die
eine ähnliche Bedeutung besitzt wie die Komponenten für Entity- oder Attributnamen

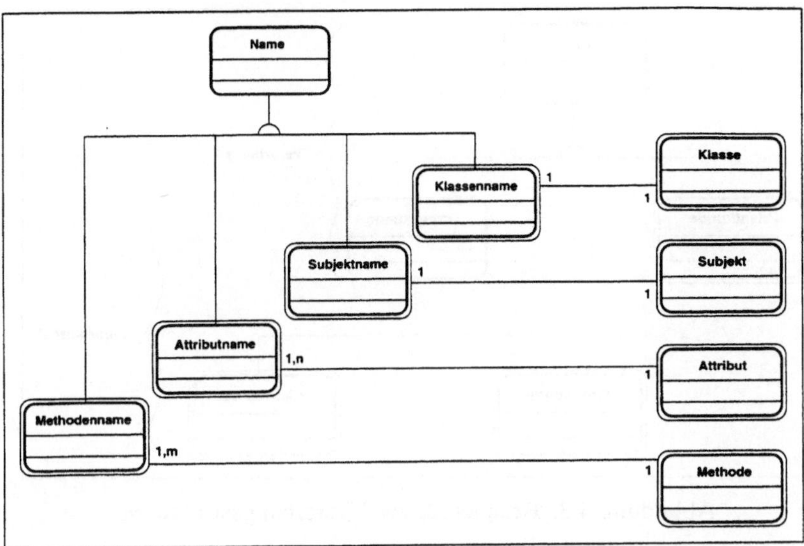

Abbildung 4.2: Zusammenhang zwischen MAOOAM-Konstrukten und ihren Namen

im Ansatz von Olle *et al.* (1991) (vgl. hierzu Abschnitt 3.2.1). Da Klassen, Attribute, Methoden und Subjekte nur jeweils einen Namen besitzen, ist die Einführung einer Klasse Konstrukt-benutzt-Name, wie es beispielsweise im Ansatz von Olle *et al.* (1991) vorgeschlagen wird, nicht notwendig. Eine Unterscheidung der einzelnen Namen ist allerdings sinnvoll, da die Namen von Subjekten und Klassen nur einmal im System vergeben werden dürfen, während durchaus Methoden oder Attribute gleichen Namens in verschiedenen Klassen existieren dürfen. Die Forderung nach systemweiter Eindeutigkeit von Klassennamen ist in der Objektorientierung aufgrund implizit vorhandener Objektidentität nicht zwingend erforderlich (vgl. Cattell (1994a)), jedoch wird sie hier aus Gründen der Kommunizierbarkeit des Analysemodells gestellt. Abbildung 4.2 stellt die Regeln in MAOOAM-Notation dar.

Die Namensgebung für die Konstrukte Vererbung, Aggregation, Objektbeziehung sowie Nachrichtenverbindung erübrigt sich, da diese bereits durch die Klassen bzw. Objekte, die sie verbinden, identifizierbar sind.

Die Verletzung dieser Regeln ist im MAOOAM-Tool nicht möglich, da bei der Erzeugung eines der oben angesprochenen Konstrukte automatisch ein Name vom System vergeben wird. Der vom Tool vergebene Name besteht aus der Bezeichnung des Konstrukts und einem Zähler, der bei der Erzeugung inkrementiert wird. Bei Klassen und Subjekten wird zusätzlich noch die Eindeutigkeit der Namen geprüft. Bei Attributen und Methoden wird im Editor klassenintern die Eindeutigkeit der Namen kontrolliert.

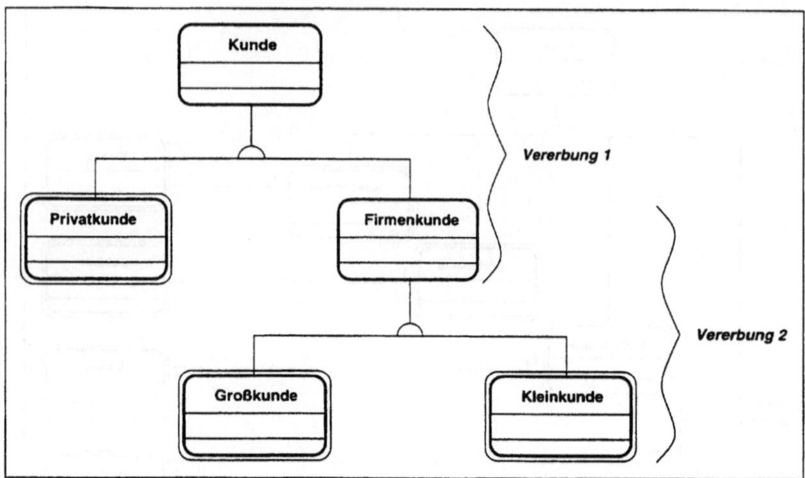

Abbildung 4.3: Beispiel für zwei Vererbungsstrukturen

Weitere Erläuterungen zur Umsetzung der Regeln im grafischen Editor sind Kapitel 5 zu entnehmen.

Die nun folgende Gruppe von Regeln bezieht sich auf die Konstrukte Vererbung, Aggregation sowie Objektverbindung.

Regel 5 *Eine Vererbungsstruktur besteht aus zwei oder mehreren Klassen; eine Klasse kann in keiner oder mehreren Vererbungsstrukturen enthalten sein.*

Eine Vererbungsstruktur (oder Vererbung) umfaßt in diesem Zusammenhang immer eine Basisklasse und die direkt von ihr abgeleiteten Klassen. In den Regeln, die sich auf Vererbungen beziehen, werden also bei mehrstufigen Vererbungshierarchien stets Ausschnitte betrachtet. Eine Vererbungshierarchie, wie die in Abbildung 4.3 dargestellte, besteht demnach aus zwei Vererbungsstrukturen.

Regel 6 *Eine Objektbeziehung setzt Objekte einer oder zweier Klassen zueinander in Beziehung. Objekte einer Klasse können an Objektbeziehungen teilnehmen.*

Regel 7 *Eine Aggregationsbeziehung setzt Objekte einer oder zweier Klassen zueinander in Beziehung. Objekte einer Klasse können an Aggregationen teilnehmen.*

Die in Schader und Rundshagen (1994) vorgenommene logische Gruppierung von Vererbungen und Aggregationen innerhalb der Strukturschicht wird an dieser Stelle

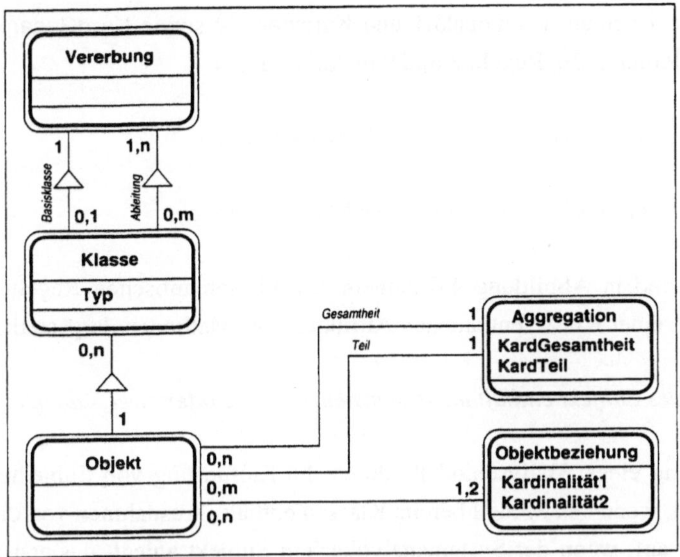

Abbildung 4.4: Ausschnitt syntaktischer Regeln des statischen Modells

aufgehoben, da Aggregationen syntaktisch größere Ähnlichkeit mit Objektbeziehungen bzw. Nachrichtenverbindungen besitzen. Durch Aggregationen und Objektbeziehungen werden Objekte miteinander assoziiert und beide Konstrukte kennen das Konzept der Kardinalitäten. Zur Modellierung der Unterschiede in der MAOOAM-Syntax werden Objekte und Klassen getrennt modelliert. Hier ist darauf hinzuweisen, daß im statischen Modell durch den Objektrahmen einer nicht abstrakten Klasse jeweils die Menge der in der Klasse enthaltenen Objekte dargestellt wird und nicht etwa einzelne Instanzen.

In Abbildung 4.4 sind durch die Attribute der Klassen Aggregation und Objektverbindung zwei weitere syntaktische Regeln dargestellt.

Regel 8 *Jede Objektbeziehung sollte zwei Kardinalitäten besitzen.*

Regel 9 *Jede Aggregation muß eine Kardinalität für die Gesamtheit-Klasse und sollte eine Kardinalität für die Teil-Klasse besitzen.*

Die Angabe von Kardinalitäten ist im Design und unter Umständen auch in der Analyse optional. Dies ist der Fall, wenn es in der betrachteten Beziehung eine Klasse gibt, für deren Objekte es unnötig ist, zu wissen, mit welchen anderen Objekten sie assoziiert bzw. in welchen anderen Objekten sie enthalten sind (vgl. hierzu Coad und Nicola

(1993)). Die Attribute Kardinalität1 und Kardinalität2 sowie KardGesamtheit und KardTeil modellieren die Regeln 8 und 9 in Abbildung 4.4.

Regel 10 *Ein Attribut ist in genau einer Klasse enthalten.*

Regel 11 *Eine Methode ist in genau einer Klasse enthalten.*

Die Regeln sind in Abbildung 4.6 gemeinsam mit semantischen Regeln über die Anzahl der in einer Klasse enthaltenen Attribute bzw. Methoden dargestellt.

Regel 12 *Jedes Subjekt enthält mindestens eine Klasse oder zwei Subjekte.*

Die Skalierung eines Analysemodells durch die Einführung von Subjekten ist nur dann sinnvoll, wenn das Modell bereits Klassen enthält. Ausnahmen von dieser Vorschrift treten auf, wenn der Systemanalytiker ein Subjekt anlegt, das erst zu einem späteren Zeitpunkt mit Klassen „aufgefüllt" werden soll. Der in einem solchen Fall kurzfristig auftretende inkonsistente Zustand des statischen Modells löst keine Warnung aus. Bei der Implementation dieser Regel in das MAOOAM-Tool sollen zwei Stufen der Regelverletzung realisiert werden. Eine Warnung wird generiert, falls in einem Subjekt weniger als fünf Klassen enthalten sind, hingegen ist die Erzeugung eines Subjekts, das keine Klasse enthält, aus den oben geschilderten Gründen erlaubt. Auch an dieser Stelle wird deutlich, daß sich wie schon bei Attributen, Methoden oder Nachrichtenverbindungen syntaktische und semantische Regeln nicht immer eindeutig voneinander trennen lassen, da die Vorschrift, daß in einem Subjekt keine oder mehrere Klassen enthalten sind, den syntaktischen Regeln zuzuordnen ist; jedoch die Festlegung einer Untergrenze von fünf in einem Subjekt enthaltenen Klassen semantischer Natur ist.

Regel 13 *Jede Klasse ist in genau einem Subjekt direkt enthalten.*

Durch die Betrachtung der Problembereichskomponente als Subjekt wird gewährleistet, daß jede Klasse in mindestens einem Subjekt enthalten ist. Da der Editor es nicht zuläßt, eine Klasse mehreren Subjekten auf der gleichen Abstraktionsebene zuzuordnen, kann die Regel nicht verletzt werden. Eine Klasse kann also nie in mehr als einem Subjekt direkt enthalten sein. Die Möglichkeit, daß eine Klasse indirekt in einem oder mehreren Subjekten enthalten ist, besteht nur dann, wenn das sie enthaltende Subjekt wiederum Bestandteil eines Subjekts auf einer höheren Abstraktionsstufe ist. Abbildung 4.5 stellt diesen Sachverhalt grafisch dar.

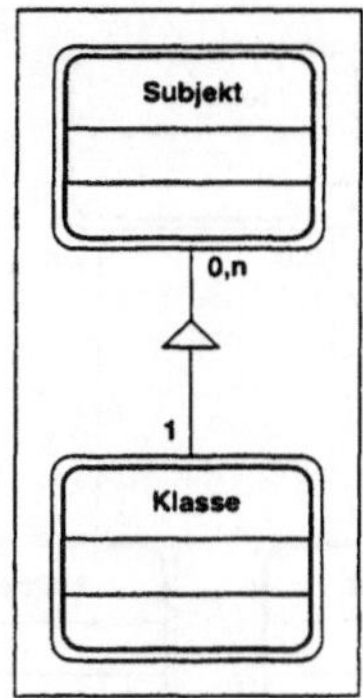

Abbildung 4.5: Zusammenhang zwischen Klassen und Subjekten

Regel 14 *Zu einer Nachrichtenverbindung gehören ein Sender und ein Empfänger.*

Die Modellierung dieser Regel erfolgt in Abbildung 4.7 gemeinsam mit der semantischen Regel für die Rolle von Klassen und Objekten im Zusammenhang mit Nachrichtenverbindungen.

4.2.2 Semantische Regeln

Die im vorhergehenden Abschnitt behandelten Regeln sind syntaktischer Natur und werden ausschließlich im grafischen Editor realisiert. Dieser Abschnitt enthält semantische Regeln, die ausnahmslos in das Prüfmodul des MAOOAM-Tools implementiert werden sollen.

Regel 15 *Eine Klasse sollte mehr als ein Attribut enthalten.*

Regel 16 *Eine Klasse sollte mehr als eine Methode enthalten.*

Den Zusammenhang zwischen Klassen und Methoden, bzw. Attributen skizziert Abbildung 4.6. Wegen der zu jedem Attribut gehörenden impliziten Methoden gilt stets, daß die Anzahl der in einer Klasse enthaltenen Methoden größer ist als die doppelte Anzahl der Attribute. In der Literatur wird ein Richtwert von mindestens zwei Attributen je Klasse angegeben (vgl. beispielsweise Coad und Yourdon (1991*a*) oder Taylor (1993)). Die Modellierung von Klassen mit nur einem Attribut deutet in vielen Fällen auf eine zu detaillierte Untergliederung bei der Bildung von Klassen hin. Oft ist es geschickter, solche Klassen als Attribute in andere Klassen aufzunehmen.

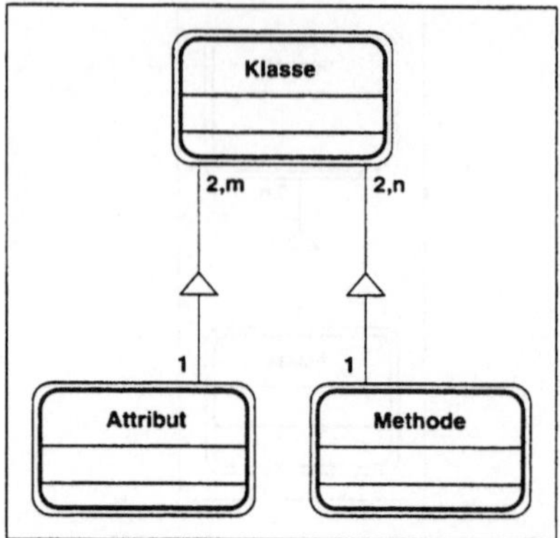

Abbildung 4.6: Zusammenhang zwischen Klassen und Methoden bzw. Attributen

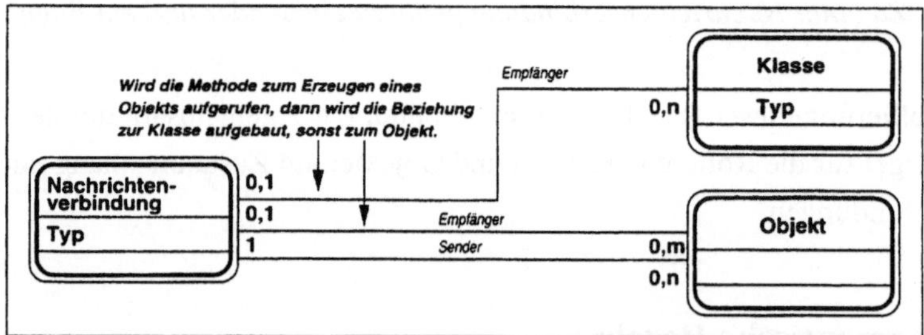

Abbildung 4.7: Nachrichtenverbindung mit Sender und Empfänger

Die Verletzung dieser Regel erzeugt lediglich eine Warnung für den Benutzer des
MAOOAM-Tools. Ein entsprechender Richtwert ließe sich auch für die Anzahl der
in einer Klasse enthaltenen Methoden angeben. Jedoch allein bei Vorhandensein eines einzigen Attributs wäre der Richtwert durch die dadurch notwendigen impliziten
Methoden immer erfüllt.

Regel 17 *Objekte können die Rolle eines Senders oder eines Empfängers überneh-
men, ein Empfänger kann auch eine Klasse sein.*

Die Regel sagt nicht aus, daß eine Nachrichtenverbindung nicht von einer abstrakten
Basisklasse ausgehend in das statische Analysemodell aufgenommen werden darf.
In einem solchen Fall würde die Nachrichtenverbindung an die abgeleiteten (nicht
abstrakten) Klassen vererbt.

Abbildung 4.7 stellt die Aussagen der Regeln 14 und 17 grafisch dar. Regel 14 wird
durch die Objektverbindungen in Kombination mit dem Typ der Nachrichtenverbindung realisiert. Bei Aufruf einer Klassenmethode, wie beispielsweise zum Erzeugen

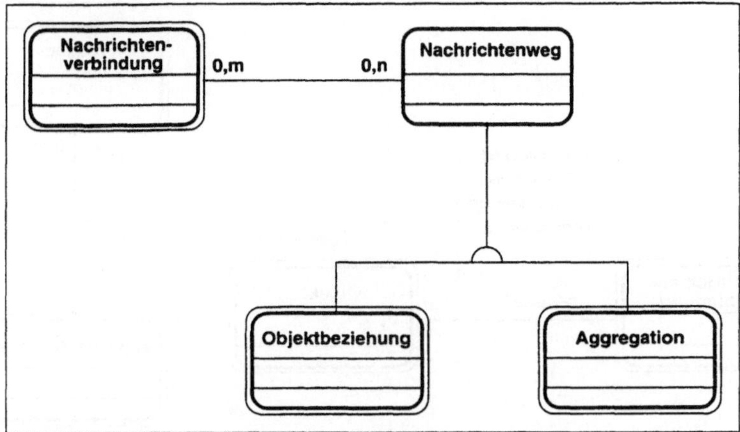

Abbildung 4.8: Nachrichtenverbindungen und Nachrichtenwege

eines neuen Objekts, wird die Objektbeziehung *Empfänger* zur Klasse Klasse aufgebaut, bei Aufruf einer Methode, die für ein einziges Objekt der Klasse aufgerufen wird, die Objektverbindung *Empfänger* zur Klasse Objekt.

Regel 14 ist grafisch nicht eindeutig darstellbar. Es muß von Entwurf zu Entwurf geprüft werden, ob die richtigen Objektbeziehungen aufgebaut sind. Deshalb wird die Regel verbal in Abbildung 4.7 aufgenommen.

Regel 18 *Jedes Empfängerobjekt muß vom Senderobjekt aus über Objektbeziehungen oder Aggregationen erreichbar sein.*

In der Praxis bedeutet dies, daß im Graphen des Analysemodells ein Weg vom Klassensymbol des Senders zum Klassensymbol des Empfängers vorhanden sein muß, der nicht nur aus Vererbungsstrukturen besteht. Aus diesem Grund wird die Aufnahme eines neuen Konstrukts Nachrichtenweg in das Metamodell notwendig (vgl. Abbildung 4.8).

Es besteht jedoch auch die Möglichkeit, daß dem Sender die Objektidentität des Empfängers durch ein anderes Objekt des Systems oder durch eine externe Eingabe mitgeteilt wird. Unter Berücksichtigung dieser Möglichkeit erzeugt das MAOOAM-Tool bei Regelverstoß lediglich eine Warnungsmeldung, die dem Benutzer als Hinweis zur Überprüfung seines Modells dienen soll.

Regel 19 *Die Objekte jeder Klasse mit expliziten Methoden sind Empfänger von mindestens einer Nachrichtenverbindung*

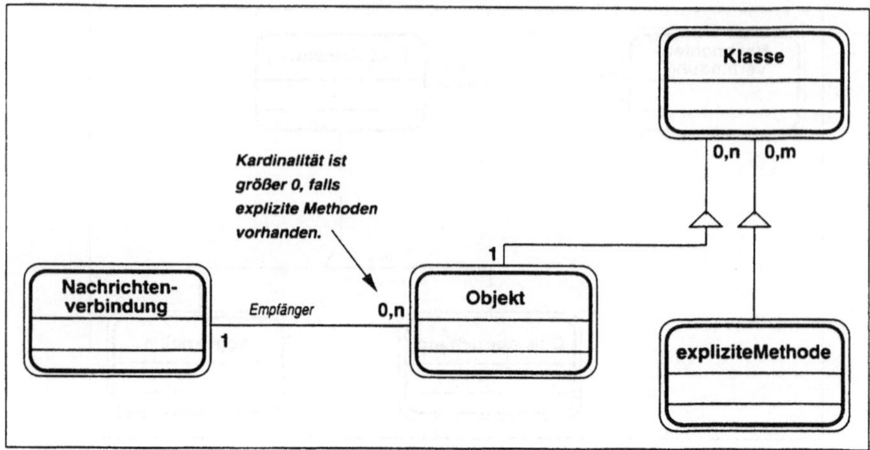

Abbildung 4.9: Zusammenhang zwischen Nachrichtenverbindungen und expliziten Methoden

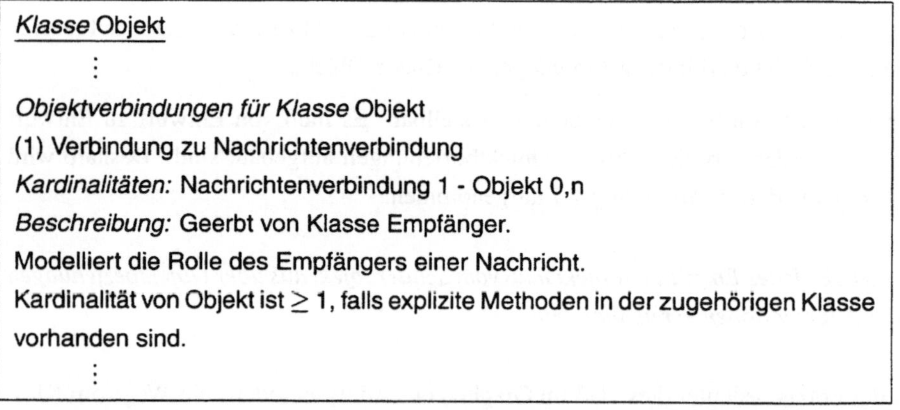
Klasse Objekt

 ⋮

Objektverbindungen für Klasse Objekt
(1) Verbindung zu Nachrichtenverbindung
Kardinalitäten: Nachrichtenverbindung 1 - Objekt 0,n
Beschreibung: Geerbt von Klasse Empfänger.
Modelliert die Rolle des Empfängers einer Nachricht.
Kardinalität von Objekt ist ≥ 1, falls explizite Methoden in der zugehörigen Klasse vorhanden sind.

 ⋮

Abbildung 4.10: Formulierung einer Regel innerhalb der Klassenbeschreibung

Auch in Abbildung 4.9 wird, wie bei der Umsetzung von Regel 14, die grafisch nicht darstellbare Vorschrift verbal in das Diagramm aufgenommen. Eine andere Möglichkeit ist die Formulierung der Integritätsbedingungen in der Klassenbeschreibung der Klasse Objekt (vgl. Abbildung 4.10).

Das Fehlen einer Nachrichtenverbindung würde in diesem Fall bedeuten, daß die vorhandenen expliziten Methoden nicht aufgerufen werden können. D.h. das zu entwickelnde System benötigt die hierdurch zur Verfügung stehende Funktionalität nicht und die Methoden sind überflüssig bzw. die Nachrichtenverbindung wurde versehentlich nicht modelliert. Im ersten Fall müssen die Methoden gestrichen werden, im zweiten Fall muß eine weitere Nachrichtenverbindung in das Modell aufgenommen werden. Anhaltspunkte für eine solche Verbindung gibt eventuell das dynamische Systemmodell. Bei der Prüfung dieser Vorschrift sind auch vorhandene Basisklassen der betreffenden Klasse zu beachten, da von diesen eventuell Nachrichtenverbindungen geerbt werden. Jeweils ein Beispiel für einen im Sinne dieser Regel zulässigen und einen unzulässigen Ausschnitt aus einem statischen Modell gibt Abbildung 4.14 (1a bzw. 1b). Da es in Einzelfällen, etwa beim Aufruf von Methoden durch Timer, Ausnahmen geben kann, wird auf die Nichteinhaltung dieser Vorschrift mit einer Warnungsmeldung reagiert.

Regel 20 *Jede abstrakte Klasse besitzt mindestens zwei abgeleitete Klassen.*

Syntaktisch korrekt wäre schon das Vorhandensein einer einzigen abgeleiteten Klasse, jedoch ist die Einführung einer abstrakten Basisklasse in vielen Fällen unnötig, wenn nur eine weitere Klasse abgeleitet wird (vgl. zu Problemen bei Vererbungsstrukturen auch Palmer (1993)). Ausnahmen von dieser Regel treten vor allem in der Designphase und bei der Modellierung von Klassenbibliotheken auf, wenn durch abstrakte Klassen in der untersten Stufe der Vererbungshierarchie gewährleistet werden soll, daß die Verwendung der in der Klassenbibliothek enthaltenen Klassen zwingend durch Ableitung erfolgt (vgl. hierzu Coad (1991*a*)). Ein Beispiel einer so designten Klassenbibliothek ist der Anwendungsrahmen[3] XVT-Power++ (XVT Software (1993)), der zur Realisierung der grafischen Benutzerschnittstellen der Module des MAOOAM-Tools verwendet wird. Abbildung 4.14 (2a bzw. 2b) skizziert den unzulässigen und den zulässigen Einsatz abstrakter Basisklassen.

Regel 21 *Zwischen Objekten zweier Klassen, die durch eine Vererbungsstruktur verbunden sind, existieren in der Regel keine Objektbeziehungen oder Aggregationsbeziehungen.*

Diese Regel ist nicht zwingend einzuhalten, da es Beispiele wie das in Abbildung 4.11 dargestellte gibt, die eine solche Kombination von Strukturen und Beziehungen erfordern. In vielen Fällen ist es jedoch möglich, denselben Sachverhalt auf andere Weise besser zu modellieren. Aus diesem Grund wird bei Verletzung dieses Prinzips eine

---

[3]Als Anwendungsrahmen (Application Framework) wird ein Verbund von Klassen bezeichnet, der dem Entwickler problembereichsbezogene Basisfunktionalität zur Verfügung stellt, die durch Ableiten geeignet erweitert werden kann. Oft liegen Anwendungsrahmen in Form von Klassenbibliotheken vor (vgl. hierzu Weinand (1992), der den Anwendungsrahmen ET++ zur Entwicklung grafischer Benutzerschnittstellen beschreibt).

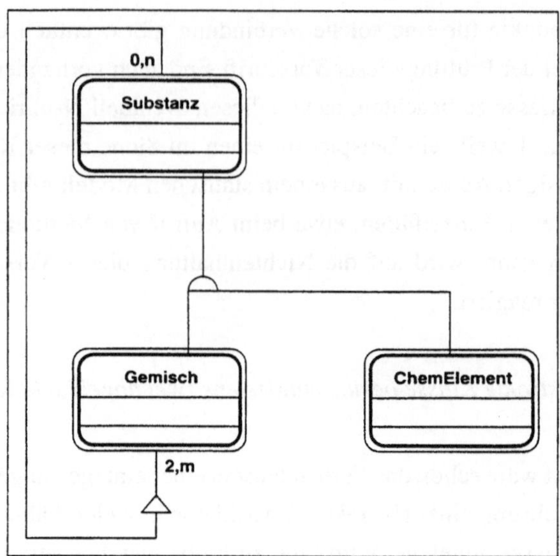

Abbildung 4.11: Beispiel für eine Kombination von Vererbungs- und Aggregationsbeziehung in Anlehnung an Blaha (1993)

Warnung erzeugt. Zur Problematik von Aggregationen im Zusammenhang mit Vererbungsstrukturen sei an dieser Stelle auf Blaha (1993) hingewiesen. Ein unzulässiges
und ein zulässiges Beispiel skizziert Abbildung 4.14 (3a bzw. 3b). Die in Teil 3a)
dargestellte Kombination von Aggregation und Vererbungshierarchie kann dadurch,
daß die abgeleitete Klasse auch die Rolle der Gesamtheit erbt, zu Problemen führen.

Es ist insbesondere darauf zu achten, daß die Kardinalität der Teil-Klasse auch die
Null enthält, damit rekursive, nicht abbrechende Aggregationsstrukturen vermieden
werden. Dasselbe gilt bei Aggregationen, die die Objekte einer einzigen Klasse
verbinden. Die folgende Regel beschreibt mögliche Kardinalitäten für diese Art von
Aggregationsstrukturen.

Regel 22 *Setzt eine Aggregationsstruktur Objekte einer einzigen Klasse zueinander
in Beziehung, dann müssen die Kardinalitäten der Teil-Klasse und der Gesamtheit-
Klasse die 0 enthalten.*

In den Teilen 4a) und 4b) der Abbildung 4.14 werden Beispiele für falsche und richtige
Wahl der Kardinalitäten gegeben. Die Begründung für die Vorschriften bezüglich der
Kardinalitäten von Aggregationsbeziehungen beruht auf der Tatsache, daß es sich
im Gegensatz zur Objektbeziehung um eine gerichtete Beziehung handelt und es

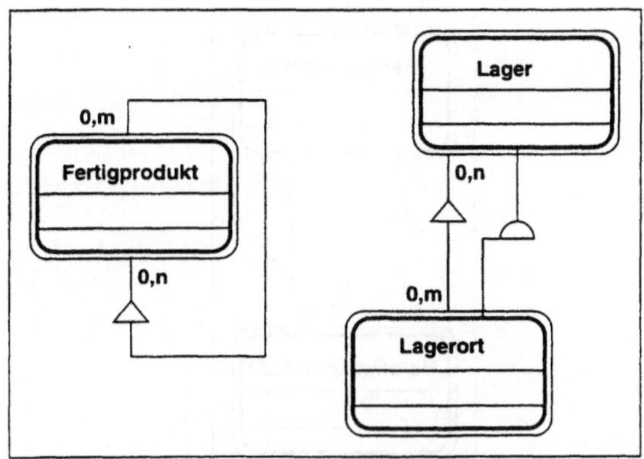

Abbildung 4.12: Beispiele für Aggregationsstrukturen zwischen Objekten einer Klasse bzw. voneinander abgeleiteter Klassen

deswegen semantisch wenig sinnvoll ist, Zyklen von Aggregationen (Objekt a enthält Objekt b und Objekt b enthält Objekt a) zuzulassen.

Regel 23 *Setzt eine Aggregationsstruktur Objekte voneinander abgeleiteter Klassen zueinander in Beziehung und ist die Basisklasse die Gesamtheit-Klasse, dann müssen die Kardinalitäten der Teil-Klasse und der Gesamtheit-Klasse die 0 enthalten.*

Regel 24 *Setzt eine Aggregationsstruktur Objekte voneinander abgeleiteter Klassen zueinander in Beziehung und ist die Basisklasse die Teil-Klasse, dann muß die Kardinalität der Teil-Klasse die 0 enthalten.*

Die Vorschriften 22 bis 24 beziehen sich auf Strukturen, wie sie in Abbildung 4.12 dargestellt sind. Die Beispiele für Verletzung und Einhaltung der Regeln 24 und 25 enthält Abbildung 4.15 (1a bzw. 1b) und (2a bzw. 2b).

Regel 25 *Treten zyklische Aggregationsstrukturen auf, dann muß bei mindestens einer Aggregationsbeziehung die Teilkardinalität die 0 enthalten. Dasselbe gilt für mindestens eine Gesamtheitskardinalität.*

Abbildung 4.13 zeigt ein Beispiel für eine zyklische Aggregationsstruktur. Beispiele für Regelverstoß bzw. -einhaltung finden sich in Abbildung 4.15 (3a bzw. 3b).

Regel 26 *Eine Klasse darf weder direkt noch indirekt von sich selbst abgeleitet sein.*

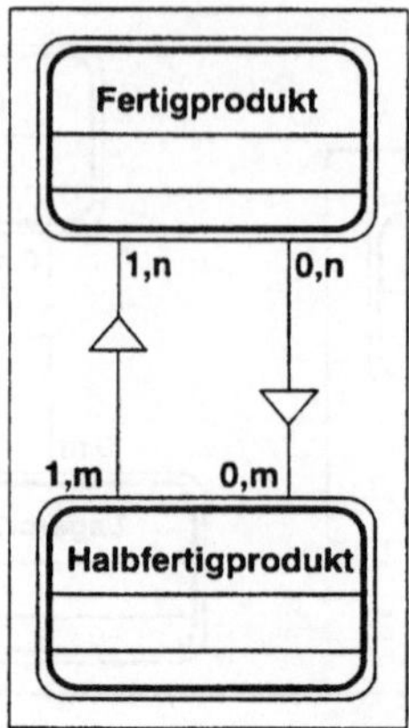

Abbildung 4.13: Beispiel für zyklische Aggregationsstrukturen

Diese Regel verbietet Zyklen in Vererbungshierarchien. Strukturen, wie die in Abbildung 4.15 (Teil 4a) dargestellte, sind nicht zulässig. Eine Verletzung der Regel hat eine Fehlermeldung des Prüfmoduls zur Folge.

Regel 27 *In einer Mehrfachvererbungsstruktur sollten die Basisklassen keine gleichnamigen Attribute enthalten.*

Regel 28 *In einer Mehrfachvererbungsstruktur sollten die Basisklassen keine gleichnamigen Methoden enthalten.*

Diese Vorschriften dienen zur Vermeidung von Namenskonflikten, die sonst in der abgeleiteten Klasse auftreten könnten. Die Regel wird eingeführt, damit sich Analysemodelle, die Mehrfachvererbungen enthalten, besser kommunizieren lassen. Hier liegt also eine ähnliche Motivation vor wie bei der Namensgebung von Klassen. Der Benutzer wird durch eine Warnung auf die gleichnamigen Attribute bzw. Methoden hingewiesen. Beispiele zu Namensgebung in Mehrfachvererbungen skizziert Abbildung 4.16.

Für die in der MAOOAM-Notation nicht darstellbaren semantischen Regeln des statischen Modells zeigen die Abbildungen 4.14 bis 4.16 jeweils zulässige und unzulässige Kombinationen von Modellierungskonstrukten.

4.2.3 Das Metamodell

Abbildung 4.17 zeigt das durch die Modellierung der im vorangegangenen Abschnitt aufgestellten Regeln entstandene Metamodell des statischen Systemmodells

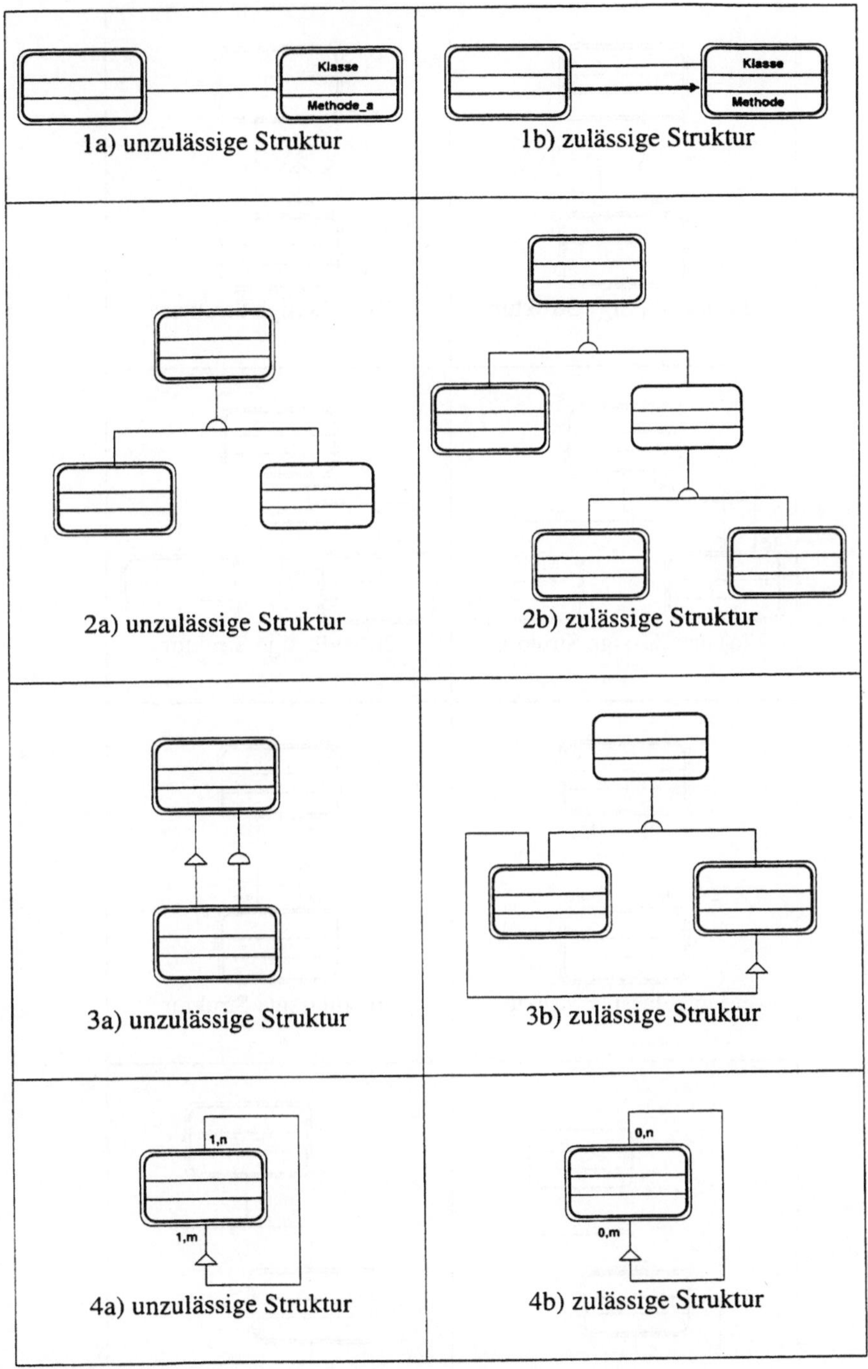

Abbildung 4.14: Beispiele für zulässige und unzulässige Strukturen im statischen Modell (Teil 1)

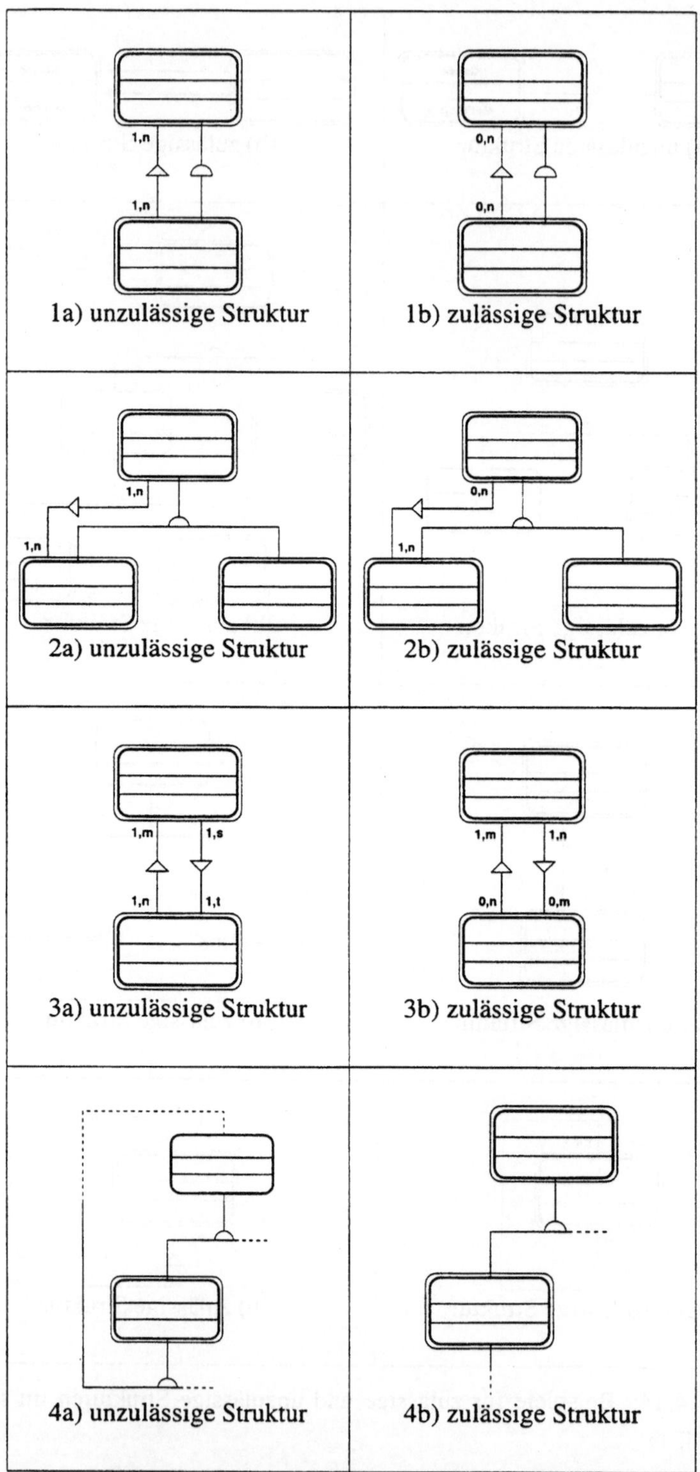

Abbildung 4.15: Beispiele für zulässige und unzulässige Strukturen im statischen Modell (Teil 2)

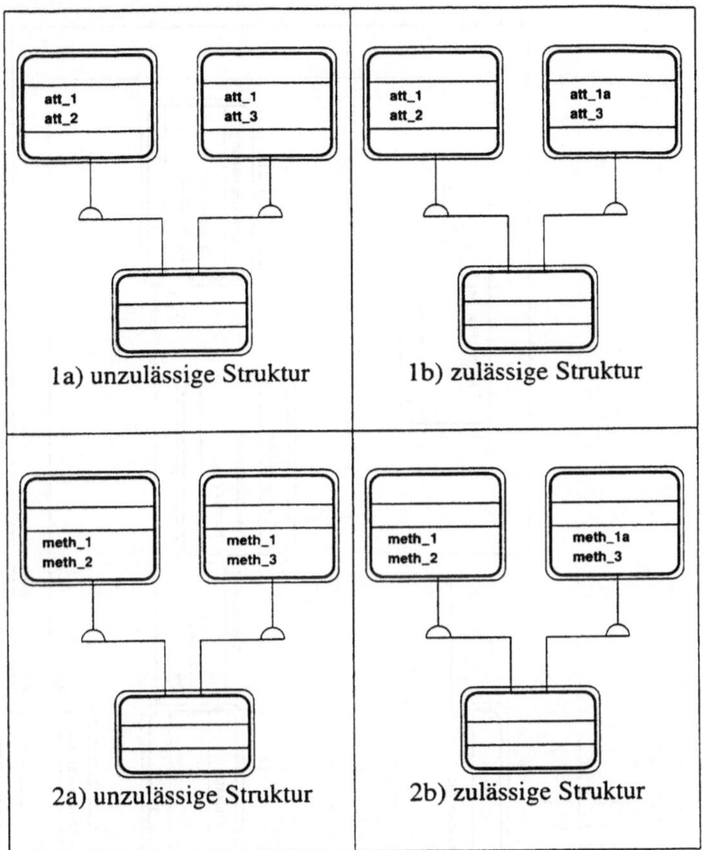

Abbildung 4.16: Beispiele für zulässige und unzulässige Strukturen im statischen Modell (Teil 3)

der MAOOAM-Methode. Es ist zu erkennen, daß Klassen bzw. Objekte die zentralen Konstrukte des Ansatzes sind.

Auf die Modellierung der Namen für die MAOOAM-Konstrukte als eigenständige Klassen ist hier verzichtet worden, da die Vergabe korrekter Namen durch die Editoren der drei Systemsichten gewährleistet wird.

Die Definition der semantischen Regeln hat gezeigt, daß sich für deren Modellierung im Metamodell zwei Prinzipien sinnvoll ergänzen. Zum einen lassen sich Regeln, beispielsweise Regel 18, mit Hilfe von Rollenklassen, die ein bekanntes Muster in der objektorientierten Entwicklung darstellen, umsetzen.[4] Zum anderen müssen

---

[4]Muster oder Patterns sind Bausteine, die wiederverwendbare Klassenstrukturen beschreiben (vgl. hierzu Gamma *et al.* (1995), die Entwurfsmuster in der objektorientierten Systementwicklung darstellen

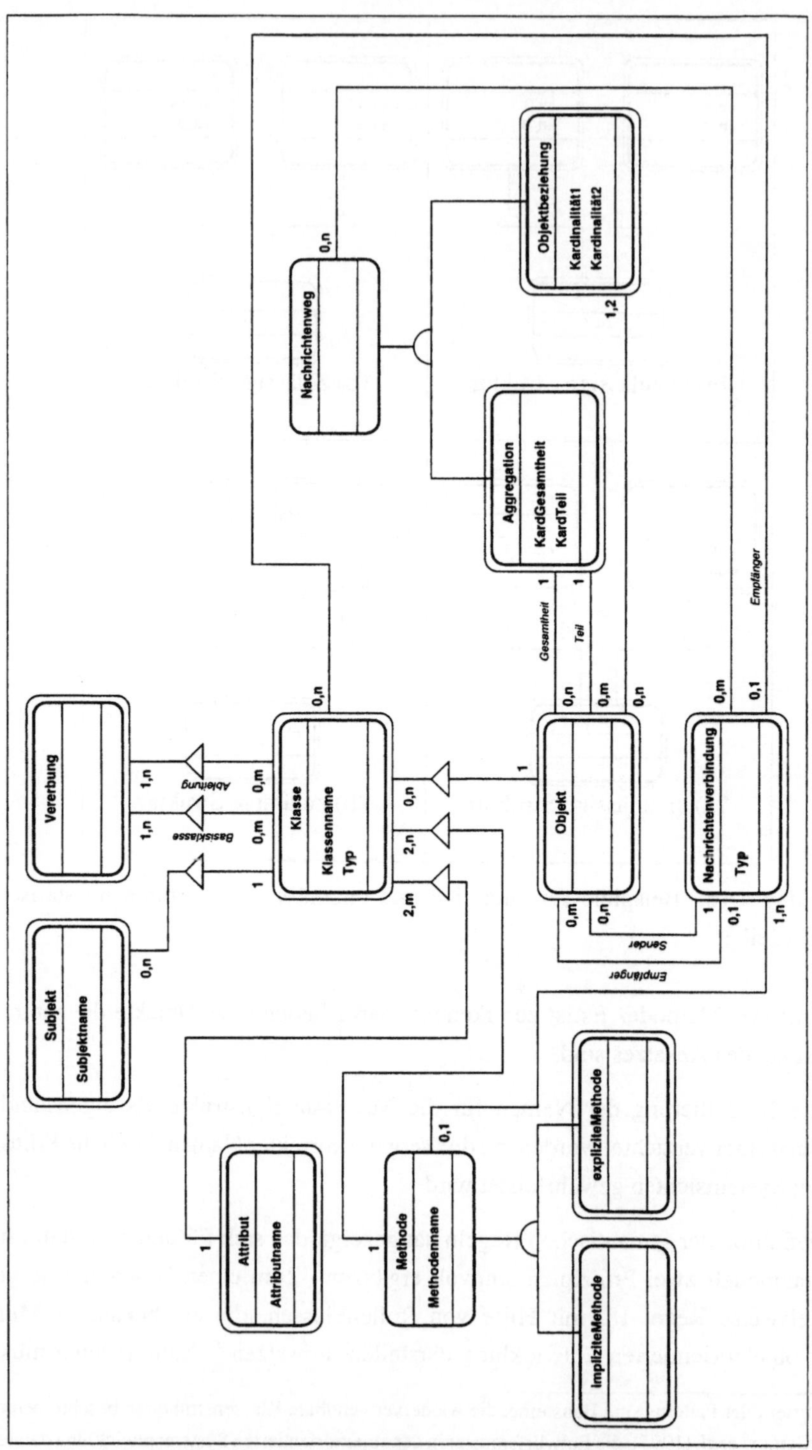

Abbildung 4.17: Das Metamodell der statischen MAOOAM-Sicht

Vorschriften, die sich grafisch auch bei Einführung zusätzlicher Konstrukte nicht darstellen lassen, verbal als Bemerkung innerhalb des Analysediagramms oder in der Klassenbeschreibung formuliert werden.

4.3 Dynamisches Modell

Im dynamischen Modell werden, wie in Abschnitt 2.3.1.2 dargestellt, die Kommunikation der Objekte sowie die möglichen Zustände, die Objekte in ihrer Lebenszeit annehmen können, und die Abhängigkeiten, die zwischen Objektzuständen bestehen, beschrieben. Neben der syntaktischen Korrektheit des dynamischen Modells ist die Prüfung der Abhängigkeiten der in den einzelnen Dokumenten dieser Sicht verwendeten Konstrukte Gegenstand der folgenden Ausführungen.

4.3.1 Syntaktische Regeln

Die Grundkonstrukte, die in der dynamischen Modellierung eingesetzt werden, sind Objekte (der Klassen des statischen Modells), Ereignisse, Zustände, Aktionen und Aktivitäten. In Analogie zur Darstellung der Konsistenzregeln des statischen Systemmodells werden an dieser Stelle zunächst die Regeln zur Namensgebung der verwendeten Konzepte der dynamischen Sicht angegeben.

Regel 29 *Jedes Objekt im Ereignisfolgediagramm muß einen Namen besitzen.*

Regel 30 *Jedes Ereignis besitzt einen Namen.*

Regel 31 *Jeder Zustand besitzt einen Namen.*

Regel 32 *Jede Aktion besitzt einen Namen.*

Regel 33 *Jede Aktivität besitzt einen Namen.*

Bei der Erstellung des Metamodells für die dynamische Sicht werden in Analogie zur statischen Sicht die Regeln für die Namensgebung nicht explizit berücksichtigt,

---

oder Soukup (1994), der die Realisierung und den Einsatz von Patterns in der Programmiersprache C++ beschreibt).

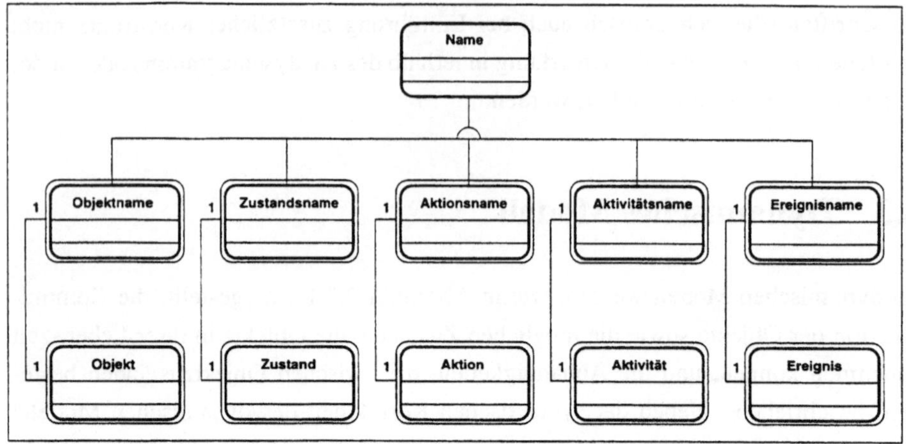

Abbildung 4.18: Konstrukte des dynamischen Modells und deren Namen

Konstrukt	Dokument	Namenskonvention
Ereignis	Ereignisfolgediagramm	Methode(Argumente)
	Zustandsdiagramm	Methode
Objekt	Ereignisfolgediagramm	Klasse+String
Aktion	Zustandsdiagramm	Klasse::Methode
Aktivität	Zustandsdiagramm	Klasse::Methode
Zustand	Zustandsdiagramm	String

Tabelle 4.1: Vorschriften zur Namensgebung im dynamischen Modell

da ihre Einhaltung durch den Editor gewährleistet ist. Der Vollständigkeit halber zeigt Abbildung 4.18 jedoch die grafische Darstellung dieser Regeln. Die durch den grafischen Editor vergebenen Namen gewährleisten nicht automatisch eine Übereinstimmung mit dem statischen Modell, die Konsistenz kann erst nach Erstellung beider Modelle durch das Prüfmodul kontrolliert werden.

Die Abhängigkeit der im dynamischen Modell verwendeten Namen von den korrespondierenden Namen im statischen Modell macht eine nähere Betrachtung der Namenskonventionen sinnvoll, da die Integration der Teil-Metamodelle zu einem großen Teil über die Namen der Konstrukte erfolgen wird. Tabelle 4.1 zeigt die Vorschriften zur Benennung von Konstrukten in der dynamischen Sicht. Bei der Realisierung der in Abschnitt 4.5 beschriebenen Integration der sichtspezifischen Metamodelle wird die in der Tabelle dargestellte Information benötigt. Ebenso wie die grafisch nicht modellierbaren semantischen Regeln werden die Vorschriften zur Benennung von Konstrukten in den Klassenspezifikationen festgehalten.

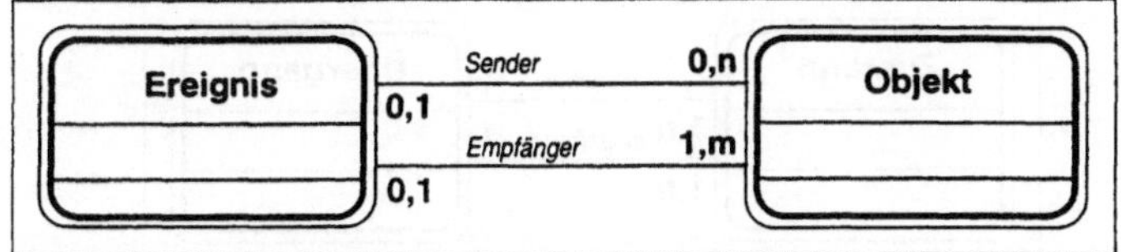

Abbildung 4.19: Zusammenhang zwischen Objekten und Ereignissen in Ereignisfolgediagrammen

Regel 34 *Zu jedem Ereignis gehören ein oder zwei Objekte.*

Regel 35 *Jedes in einem Ereignisfolgediagramm dargestellte Objekt wird von mindestens einem Ereignis betroffen.*

Objekte, die nicht mindestens ein Ereignis empfangen, sind für die Darstellung der im betrachteten Ereignisfolgediagramm modellierten Systemfunktionalität nicht nötig. Da sie mit keinem anderen Objekt kommunizieren, müssen sie aus dem Ereignisfolgediagramm gestrichen werden. Die „minimale" Kommunikation findet statt, wenn ein Objekt ein Ereignis, das beispielsweise zu einer Nachricht *leseAttribut* gehört, empfängt. Aus diesem Grund ist in Abbildung 4.19 die Kardinalität für Objekte bezüglich der Objektverbindung *Empfänger* 1,m.

Regel 36 *Zu jedem internen Ereignis existiert genau ein Empfänger(objekt) und genau ein Sender(objekt).*

Als interne Ereignisse werden hier diejenigen Ereignisse bezeichnet, die weder von außerhalb des betrachteten Systems gesendet noch an einen Empfänger außerhalb des Systems gerichtet sind.

Abbildung 4.19 stellt die Beziehung zwischen Objekten und Ereignissen in Ereignisfolgediagrammen dar. Für in das System eingehende Ereignisse (z.B. durch Benutzereingaben oder von externen Geräten bzw. Systemen generierte Ereignisse) ist die Kardinalität der Objektverbindung *Sender* mit Null belegt, entsprechend hierzu ist die Kardinalität der Objektverbindung *Empfänger* mit Null belegt, wenn das betrachtete Ereignis an die Außenwelt des Systems gesendet wird.

Die bis hier aufgeführten Regeln des dynamischen Teilmodells beziehen sich mit Ausnahme der Vorschriften zur Benennung von Konstrukten auf Ereignisfolgediagramme. Die nun folgende Gruppe von Regeln beschreibt die Konsistenz innerhalb von Zustandsdiagrammen.

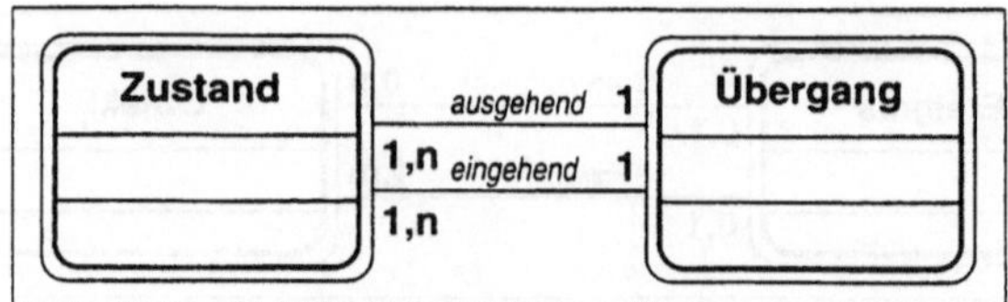

Abbildung 4.20: Zusammenhang zwischen Zuständen und Zustandsübergängen

Regel 37 *Es gibt immer genau einen Anfangszustand.*

Regel 38 *Es gibt keinen, einen oder mehrere Endzustände.*

Der Anfangszustand ist immer derjenige Zustand, aus dem das Erzeugen eines Objekts der in dem Zustandsdiagramm betrachteten Klasse herausführt. In der Analysepraxis sind mit dem Ereignis *ErzeugeObjekt* oft mehrere Aktionen verbunden. In seltenen Fällen kann ein Zustandsdiagramm keinen ausgezeichneten Endzustand besitzen. Dies ist nur dann möglich, wenn ein Objekt der betrachteten Klasse zur Laufzeit der Anwendung nicht explizit gelöscht wird.

Regel 39 *Jeder Übergang ist mit genau zwei Zuständen assoziiert.*

Regel 40 *Zu jedem Zustand gibt es mindestens einen ausgehenden und einen eingehenden Übergang.*

Abbildung 4.20 beschreibt die Regel zu Zuständen und den assoziierten Übergängen in MAOOAM-Notation.

Regel 41 *Jeder Zustand kann mehrere Aktivitäten enthalten; eine Aktivität ist in mindestens einem Zustand enthalten.*

Regel 42 *Ein Zustand kann mehrere Aktionen enthalten; jede Aktion kann in mehreren Zuständen enthalten sein.*

Ein Zustand muß nicht zwingend notwendig Aktivitäten oder Aktionen enthalten, jedoch sollten Zustände, die weder eine Aktivität noch eine Aktion enthalten, vom Systemanalytiker noch einmal auf ihre Notwendigkeit geprüft werden. Die Regel ist in ihrer Qualität vergleichbar mit den Regeln zur Anzahl von Attributen bzw. Methoden einer Klasse.

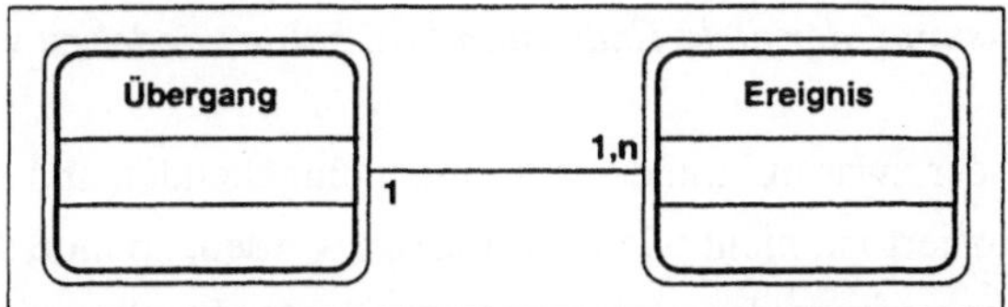

Abbildung 4.21: Zusammenhang zwischen Ereignissen und Zustandsübergängen

Regel 43 *Zu jedem Zustandsübergang gibt es genau ein korrespondierendes Ereignis, zu jedem Ereignis gibt es einen oder mehrere Zustandsübergänge.*

Ein Zustandsübergang wird immer durch ein am betrachteten Objekt eintreffendes Ereignis ausgelöst. Dasselbe Ereignis kann abhängig vom gerade gültigen Zustand zu einem anderen Übergang gehören. Die Beziehung zwischen Zustandsübergängen und Ereignissen ist in Abbildung 4.21 grafisch dargestellt.

4.3.2   Semantische Regeln

Regel 44 *Ein Zustandsdiagramm besitzt mindestens einen Zustand, der weder Anfangs- noch Endzustand ist.*

In der Praxis, d.h. im MAOOAM-Tool wird diese Regel zweistufig erweitert. Eine Fehlermeldung wird generiert, falls das jeweilige Zustandsdiagramm keinen Zustand enthält, der nicht Anfangs- und nicht Endzustand ist. Zustandsdiagramme werden jedoch nur für Klassen angefertigt, deren Objekte ein „interessantes" dynamisches Verhalten aufweisen. Das bedeutet an dieser Stelle, daß mindestens zwei Zustände außer Anfangs- und Endzustand modelliert werden. Ein Zustandsdiagramm, das nicht mindestens diese zwei Zustände enthält, wird bei einer Prüfung eine Warnung zur Folge haben.

Regel 45 *Jeder Zustand ist vom Anfangszustand aus erreichbar.*

Falls es einen Zustand gibt, zu dem vom Anfangszustand kein Weg vorhanden ist, d.h. es existiert keine Folge aus Zuständen und Ereignissen, die den betrachteten Zustand enthält, wird dieser entweder nicht benötigt oder es existieren Zustandsübergänge, die bisher noch nicht modelliert sind. Abbildung 4.22 enthält ein unzulässiges (Teil 1a) und ein zulässiges (Teil 1b) Beispiel.

Regel 46 *Jeder Zustand, der nicht Endzustand ist, sollte wieder zu verlassen sein.*

Kann ein Zustand, der zwar mit mindestens einem eingehenden und einem ausgehenden Übergang assoziiert ist, nicht wieder verlassen werden, so muß das Zustandsdiagramm nochmals geprüft werden. Oft weist ein Objekt, für das ein solcher Zustand existiert, kein interessantes (im Sinne von modellierungswürdiges) dynamisches Verhalten auf, so daß auf ein Zustandsdiagramm ganz verzichtet werden kann. Eine andere Ursache für einen Regelverstoß kann das Übersehen eines Ereignisses sein, das einen aus dem Zustand herausführenden Übergang bewirkt. Abbildung 4.22 zeigt ein korrektes (Teil 2b) und ein unkorrektes (Teil 2a) Zustandsdiagramm.

4.3.3 Das Metamodell

Die Kombination der für die dynamische Modellierung entworfenen Konsistenzregeln ergibt das in Abbildung 4.23 dargestellte Metamodell der dynamischen Sicht. Auf die explizite Modellierung der jeweiligen Namenskonstrukte kann im weiteren Verlauf der Arbeit verzichtet werden. Die Regeln, die auf diese Konstrukte zugreifen, sind syntaktischer Natur und werden bereits im Editor der dynamischen Sicht abgeprüft. Daher ist es ausreichend, wenn jedes Konstrukt mit dem Attribut Konstruktname versehen wird.

In der Grafik des Metamodells der dynamischen Sicht läßt sich gut erkennen, daß die Konstrukte Ereignis und Zustand den Schwerpunkt der dynamischen Modellierung ausmachen. Dies Ergebnis ist einleuchtend, da das dynamische Verhalten eines Objekts als Folge von zulässigen Objektzuständen, die durch das Eintreffen von Ereignissen ausgelöst werden, beschrieben werden kann. Die weiteren Konstrukte des dynamischen Modells dienen hauptsächlich zur Charakterisierung von Ereignissen und Zuständen.

4.4 Funktionales Modell

Das funktionale Modell sieht zum jetzigen Zeitpunkt nur die detaillierte Spezifikation der Methoden des statischen Modells in Pseudocode oder mit Struktogrammen vor. Die erstellten Dokumente bieten außer der Überprüfung der innerhalb einer Methodenspezifikation verwendeten Methodenaufrufe keinen Ansatz für die Realisierung von Konsistenzregeln. Regeln, die sich auf Konzepte des funktionalen Modells beziehen, sind ausnahmslos von sichtübergreifendem Charakter und werden in Abschnitt

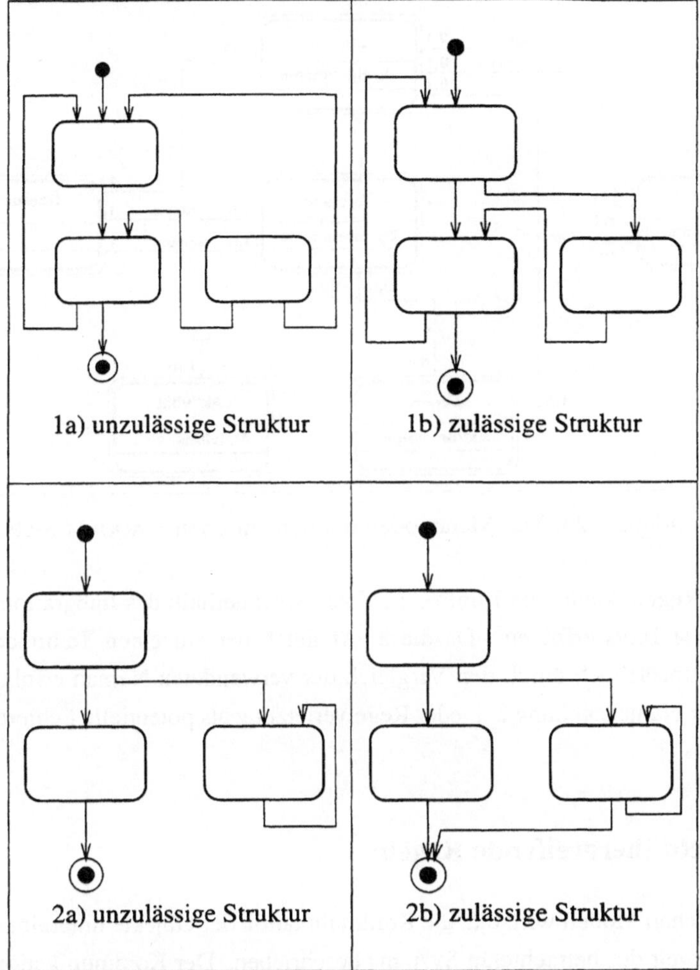

Abbildung 4.22: Beispiele für zulässige und unzulässige Strukturen in Zustandsdiagrammen

4.5 behandelt. Aus diesem Grund wird auch kein Metamodell der funktionalen Sicht erstellt.

4.5 Integration der Metamodelle

Die in den Abschnitten 4.2 bis 4.4 dargestellten Regeln und Metamodelle enthalten zu einem großen Teil syntaktische Informationen und können deshalb vielfach schon in den Editoren realisiert werden. Bei den im folgenden beschriebenen sichtüber-

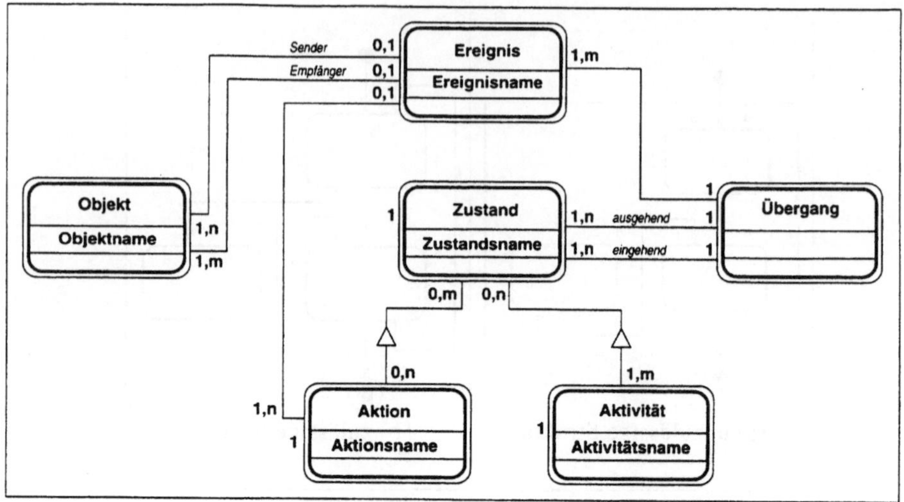

Abbildung 4.23: Das Metamodell der dynamischen MAOOAM-Sicht

greifenden Regeln kann eine Kontrolle jedoch nur innerhalb des Integrationsmoduls des MAOOAM-Tools erfolgen. Da dieser Abgleich der einzelnen Teilmodelle miteinander hauptsächlich durch den Vergleich der verwendeten Namen erfolgt, ist ein Fehler in der Namensgebung bei jeder Regelverletzung als potentielle Fehlerquelle zu untersuchen.

4.5.1   Sichtübergreifende Regeln

Im dynamischen Modell wird u.a. die Kommunikation der Objekte untereinander und mit der Umwelt des betrachteten Systems beschrieben. Der Kommunikationsfluß in der Form des Austauschs von Nachrichten oder Ereignissen findet zwischen Objekten statt. Die im dynamischen Modell betrachteten Objekte müssen Instanzen der nicht abstrakten Klassen des statischen Modells sein.

Regel 47 *Zu jedem Objekt eines Ereignisfolgediagramms existiert eine nicht abstrakte Klasse im statischen Modell und umgekehrt.*

Existieren in Ereignisfolgediagrammen Objekte, zu denen es keine entsprechende Klasse im statischen Systemmodell gibt, so wird eine Fehlermeldung generiert. Grundsätzlich ist daraufhin zu prüfen, ob die Klasse zusätzlich in das statische Modell aufgenommen werden sollte oder ob es sich um einen Fehler bei der Namensgebung in einem der beiden Teilmodelle handelt.

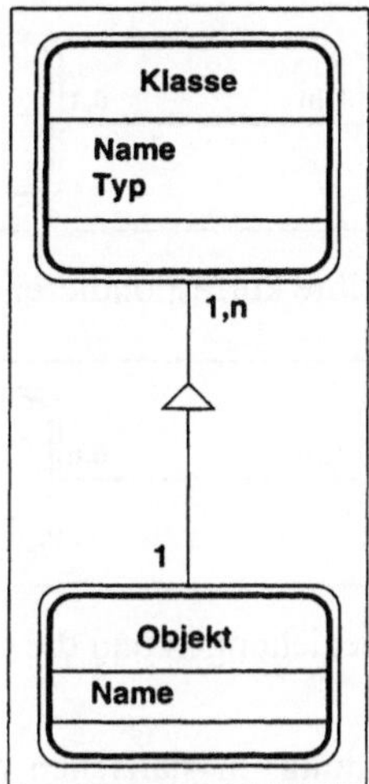

Abbildung 4.24: Objekte des dynamischen Modells und ihre Klassen aus dem statischen Modell

Enthält dagegen die statische Sicht Klassen, deren Objekte in keinem Ereignisfolgediagramm auftreten, so wird eine Warnung an den Benutzer ausgegeben. Für diese Regelverletzung kann es neben fehlerhafter Namensgebung zwei Gründe geben. Zum einen kann es sich um eine überflüssige Klasse handeln, die aus dem Analysemodell gestrichen werden kann; zum anderen kann das dynamische Modell unvollständig vorliegen, d.h. es fehlen noch Ereignisfolgediagramme.

Regel 48 *Für jedes Zustandsdiagramm existiert eine korrespondierende Klasse.*

Zustandsdiagramme werden grundsätzlich nur für Klassen entworfen, deren Objekte ein interessantes dynamisches Verhalten aufweisen. Bei Verletzung der oben formulierten Regel wird eine Fehlermeldung ausgegeben.

Regel 49 *Für jedes Ereignis im dynamischen Modell existiert eine Nachrichtenverbindung, falls das Ereignis einen expliziten Methodenaufruf repräsentiert.*

Regel 50 *Zu jeder Nachrichtenverbindung existiert mindestens ein korrespondierendes Ereignis im dynamischen Modell.*

Da Ereignisse mit Methodenaufrufen gleichzusetzen sind (vgl. hierzu Schader und Rundshagen (1994)), muß zu jedem Ereignis, das den Aufruf einer expliziten Methode

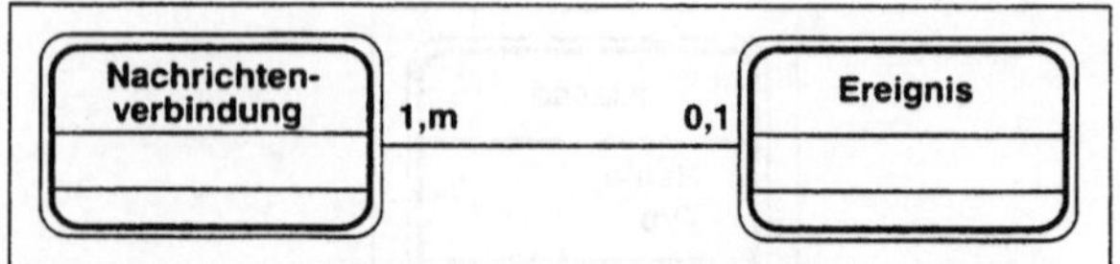

Abbildung 4.25: Ereignisse und ihre korrespondierenden Nachrichtenverbindungen

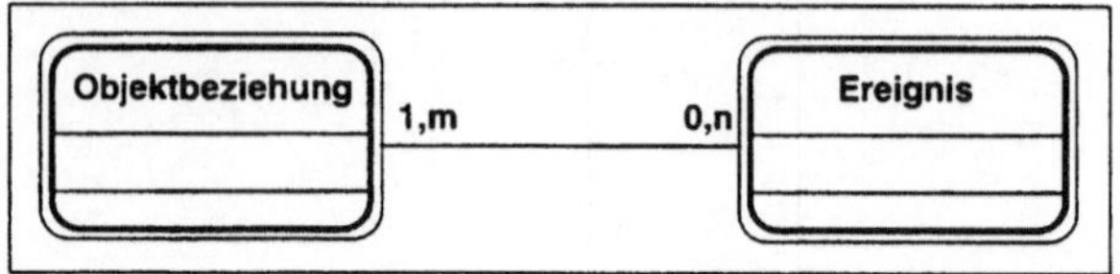

Abbildung 4.26: Objektbeziehungen und die zugehörigen Ereignisse

bewirkt, eine Nachrichtenverbindung im statischen Modell vorhanden sein. Eine Nachrichtenverbindung im statischen Modell muß von mindestens einem Ereignis des dynamischen Modells genutzt werden.

Regel 51 *Zu jeder Objektbeziehung gibt es mindestens ein Ereignis im dynamischen Modell.*

Falls die Objektbeziehung als Kommunikationsweg von einer Nachrichtenverbindung genutzt wird, dann ist diese Regel bereits erfüllt. Gibt es keine Nachrichtenverbindung, die mit der Objektbeziehung korrespondiert, dann muß diese Beziehung durch mindestens einen Aufruf einer impliziten Methode benötigt werden. Diesem Methodenaufruf muß jedoch im dynamischen Modell ein Ereignis entsprechen.

Regel 52 *Jedes in einer Methodenspezifikation verwendete Attribut muß in einer Klasse definiert sein.*

Der Umkehrschluß gilt aufgrund der Wahlfreiheit bei der Modellierung impliziter Methoden nicht. D.h. es dürfen Attribute modelliert werden, auf die nur durch sogenannte algorithmisch einfache Methoden zugegriffen wird.

4.5.2 Das Metamodell

Bei der Erstellung des sichtübergreifenden MAOOAM-Metamodells ist auf eine explizite Modellierung der in der Systemanalyse verwendeten Namen verzichtet worden. Statt dessen wurde in die betroffenen Klassen des Modells jeweils ein Attribut Name aufgenommen. Diese Modellierungsvariante stellt keinen Verlust relevanter Information dar, da die korrekte Namensgebung für das Analysemodell bereits in den grafischen Editoren geprüft wird.

Aus den verbal formulierten Konsistenzregeln, die in die Spezifikation der von diesen Vorschriften betroffenen Konstrukte aufgenommen worden sind, können Methoden zur Prüfung abgeleitet werden. Jede Klasse des Metamodells erhält dann eine Methode prüfeKonsistenz, bei deren Aufruf sowohl die grafisch darstellbaren als auch die in der MAOOAM-Notation grafisch nicht modellierbaren semantischen Regeln abgeprüft werden können. Bevor diese Methoden jedoch in das MAOOAM-Tool implementiert werden, müssen sich die hier aufgestellten Regeln noch in der Praxis bei Einsatz des Tools bewähren. Aus diesem Grund wird in Kapitel 5 zunächst ein Prototyp zur Integration der Teilmodelle vorgestellt, der eine einfache Änderung der zugrunde liegenden Regelmenge erlaubt.

4.5.3 Klassenbeschreibungen des Metamodells

Die Klassen, in deren Zuständigkeit die Überprüfung semantischer Regeln fällt, werden durch detaillierte Klassenbeschreibungen spezifiziert. Im Hinblick auf die Realisierung des MAOOAM-Tools werden jedoch nur die Klassenbeschreibungen der MAOOAM-Basiskonstrukte erstellt, zur Modellierung von Regeln notwendige Konstrukte wie beispielsweise Nachrichtenweg werden nicht spezifiziert. Statt dessen werden die mit Hilfe der letztgenannten Konstrukte modellierten Regeln als Integritätsbedingungen in die Klassenbeschreibungen der von diesen Regeln betroffenen Klassen der in MAOOAM verwendeten Konstrukte aufgenommen.

Die Beschreibung der Klassen erfolgt in Anlehnung an die in Schader und Rundshagen (1994) auf S. 94 f. angegebene Schablone. Zur Aufnahme der Regeln wird ein zusätzliches Feld Integritätsbedingung mit der Möglichkeit zur Angabe eines Typs sowie einer Beschreibung zur Umsetzung der Bedingung. Der Typ einer Integritätsbedingung kennzeichnet die Reaktion des Systems auf deren Verletzung. Folglich kommen als Ausprägungen Fehlermeldung oder Warnung in Frage.

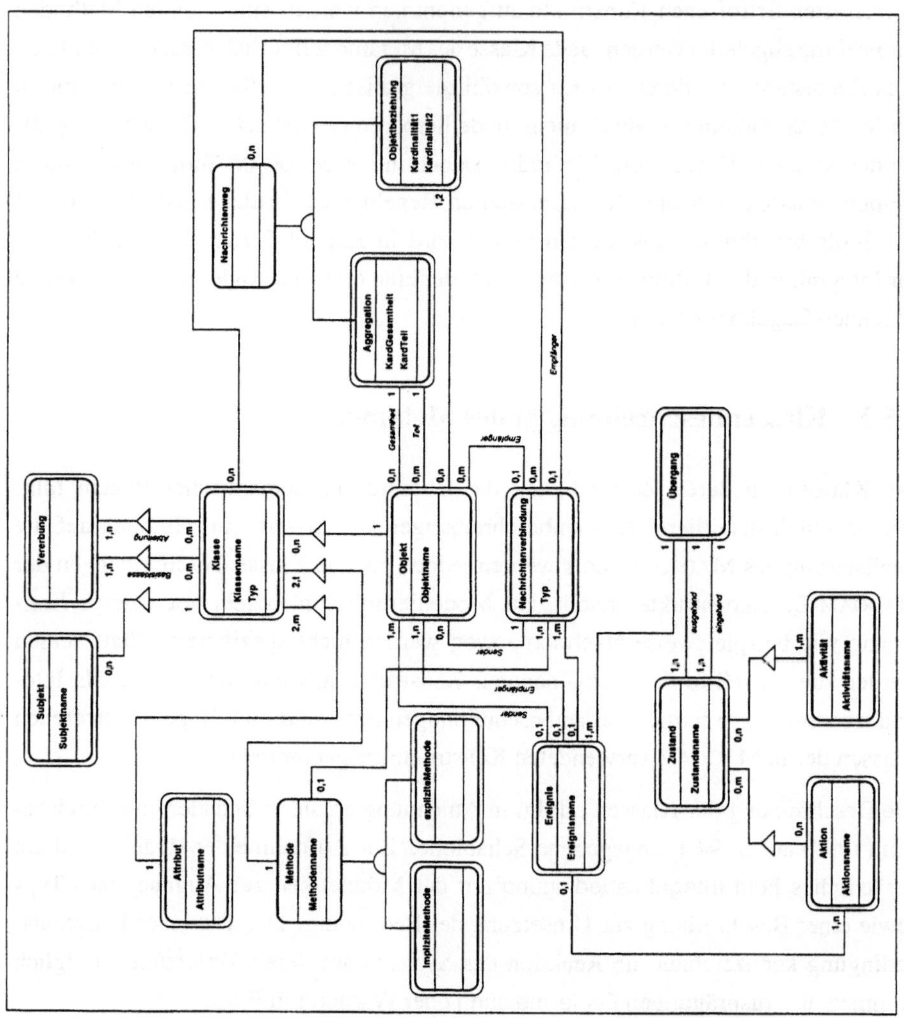

Abbildung 4.27: Das Metamodell der MAOOAM-Methode

Klasse:

Klasse	Klasse
Beschreibung	Modelliert das Konzept der Klasse, bildet den Kern objektorientierter Technologien und Methoden
Gesamtheit	Subjekt
Kardinalitäten	Klasse 1 – Subjekt 0,n
Beschreibung	Jede Klasse ist einem logisch zusammengehörenden Problembereich zugeordnet.
Gesamtheit	Vererbung
Kardinalitäten	Klasse 0,m – Vererbung 1,n
Beschreibung	Modelliert die Teilnahme einer Klasse in einer Vererbungsstruktur als Basisklasse
Gesamtheit	Vererbung
Kardinalitäten	Klasse 0,m – Vererbung 1,n
Beschreibung	Modelliert die Teilnahme einer Klasse in einer Vererbungsstruktur als abgeleitete Klasse
Teil	Objekt
Kardinalitäten	Klasse 0,n – Objekt 1
Beschreibung	Stellt die zur Laufzeit vorhandenen Objekte einer Klasse dar
Teil	Methode
Kardinalitäten	Klasse 2,n – Methode 1
Beschreibung	Beschreibt die Zuordnung von Methoden zu den jeweiligen Klassen
Teil	Attribut
Kardinalitäten	Klasse 2,m – Attribut 1
Beschreibung	Beschreibt die Zuordnung von Attributen zu den jeweiligen Klassen
Attribut	Klassenname
Beschreibung	Identifiziert eindeutig eine Klasse
Attribut	Typ
Beschreibung	Gibt an, ob eine Klasse abstrakt oder nicht abstrakt ist
Objektbeziehungen	Nachrichtenverbindung
Kardinalitäten	Klasse 0,n – Nachrichtenverbindung 0,1
Beschreibung	Modelliert die Rolle einer Klasse als Empfänger einer Nachrichtenverbindung
Integritätsbedingung	Regel15
Typ	Warnung
Beschreibung	Die Anzahl der Attribute sollte mindestens 2 sein
Integritätsbedingung	Regel 16
Typ	Warnung

Beschreibung	*Die Anzahl der Methoden sollte mindestens 2 sein*
Integritätsbedingung	*Regel 26*
Typ	*Fehlermeldung*
Beschreibung	*Klasse darf in derselben Vererbungshierarchie nicht mehr als einmal erreichbar sein*

Objekt:

Klasse	*Objekt*
Beschreibung	*Modelliert die Instanzen einer nicht abstrakten Klasse; wird in der* MAOOAM-*Methode im statischen Modell nicht explizit unterstützt, deshalb müssen die Regeln bzw. die Attribute und Objektbeziehungen dieser Klasse für das statische Teilmodell in der Klasse Klasse modelliert werden*
Gesamtheit	*Klasse*
Kardinalitäten	*Objekt 1 – Klasse 0,n*
Beschreibung	*Gibt die Klasse an, die das Objekt enthält*
Attribut	*Objektname*
Beschreibung	*Identifiziert ein Objekt im dynamischen Modell; der String besteht aus dem Klassennamen und einem Zusatz*
Objektbeziehung	*Aggregation*
Kardinalitäten	*Objekt 0,n – Aggregation 1*
Beschreibung	*Beschreibt die Aggregationen an denen Objekte als Gesamtheit teilnehmen*
Objektbeziehung	*Aggregation*
Kardinalitäten	*Objekt 0,m – Aggregation 1*
Beschreibung	*Beschreibt die Aggregationen an denen Objekte als Teil teilnehmen*
Objektbeziehung	*Objektbeziehung*
Kardinalitäten	*Objekt 0,n – Objektbeziehung 2*
Beschreibung	*Gibt die Objektverbindungen an, an denen teilgenommen wird*
Objektbeziehung	*Nachrichtenverbindung*
Kardinalitäten	*Objekt 0,n – Nachrichtenverbindung 1*
Beschreibung	*Modelliert die Rolle als Sender von Nachrichtenverbindungen*
Objektbeziehung	*Nachrichtenverbindung*
Kardinalitäten	*Objekt 0,m – Nachrichtenverbindung 0,1*
Beschreibung	*Modelliert die Rolle als Empfänger von Nachrichtenverbindungen*
Objektbeziehung	*Ereignis*

Kardinalitäten	*Objekt 1,m – Ereignis 0,1*
Beschreibung	*Modelliert die Rolle als Empfänger von Ereignissen*
<u>Objektbeziehung</u>	*Ereignis*
Kardinalitäten	*Objekt 1,n – Ereignis 0,1*
Beschreibung	*Modelliert die Rolle als Sender von Ereignissen*

<u>Integritätsbedingung</u>	*Regel 19*
Typ	*Warnung*
Beschreibung	*Kardinalität von Objekt in der Objektbeziehung zur Nachrichtenverbindung mit der Rolle Empfänger ist ≥ 1, falls explizite Methoden in der zur Gesamtheit gehörenden Klasse vorhanden sind*

Vererbung:

<u>Klasse</u>	*Vererbung*
Beschreibung	*Dient zur Modellierung von Generalisierungs-/Spezialisierungsstrukturen*

<u>Teil</u>	*Klasse*
Kardinalitäten	*Vererbung 1,n – Klasse 0,m*
Beschreibung	*Gibt die abgeleiteten Klassen an*
<u>Teil</u>	*Klasse*
Kardinalitäten	*Vererbung 1,n – Klasse 0,m*
Beschreibung	*Gibt die Basisklassen der Vererbung an*

<u>Integritätsbedingung</u>	*Regel 20*
Typ	*Warnung*
Beschreibung	*Die Kardinalität der Vererbung bezüglich der Aggregationsbeziehung „Ableitung" ist mindestens 2, wenn der Typ der über die Aggregationsbeziehung „Basisklasse" enthaltenen Klasse „abstrakt" ist*
<u>Integritätsbedingung</u>	*Regel 26*
Typ	*Warnung*
Beschreibung	*Bei mehr als einer Basisklasse dürfen diese keine gleichnamigen Attribute enthalten*
<u>Integritätsbedingung</u>	*Regel 27*
Typ	*Warnung*
Beschreibung	*Bei mehr als einer Basisklasse dürfen diese keine gleichnamigen Methoden enthalten*

Aggregation:

<u>Klasse</u>	*Aggregation*
Beschreibung	*Dient zur Modellierung von Strukturen, bei denen Objekte einer Klasse (Gesamtheit) Objekte einer anderen Klasse (teil) enthalten*
<u>Generalisierungen</u>	*Nachrichtenweg*
Beschreibung	*Modelliert die Rolle der Aggregation als Kommunikationsweg zwischen Objekten ;eingeführt zur Darstellung von Regel 18*
<u>Attribut</u>	*KardGesamtheit*
Beschreibung	*Gibt an, wie oft ein Objekt der Gesamtheit-Klasse an dieser Struktur teilnehmen kann*
<u>Attribut</u>	*KardTeil*
Beschreibung	*Gibt an, wie oft ein Objekt der Teil-Klasse an dieser Struktur teilnehmen kann*
<u>Objektbeziehung</u>	*zu Objekt*
Kardinalitäten	*Aggregation 1 – Objekt 0,n*
Beschreibung	*Bestimmt die Objekte, die als Gesamtheit an der Aggregation teilnehmen*
<u>Objektbeziehung</u>	*zu Objekt*
Kardinalitäten	*Aggregation 1 – Objekt 0,m*
Beschreibung	*Bestimmt die Objekte, die als Teil an der Aggregation teilnehmen*
<u>Integritätsbedingung</u>	*Regel 21*
Typ	*Warnung*
Beschreibung	*Es existiert keine Vererbung, die gleichzeitig die Klasse der Gesamtheit-Objekte dieser Aggregation als Basisklasse (abgeleitete Klasse) und Klasse der Teil-Objekte dieser Aggregation als abgeleitete Klasse (Basisklasse) enthält*
<u>Integritätsbedingung</u>	*Regel 22*
Typ	*Fehlermeldung*
Beschreibung	*Falls die Objekte der Objektbeziehung Gesamtheit und der Objektbeziehung Teil derselben Klasse angehören, dann müssen KardGesamtheit und KardTeil von der Form „0,*" sein*
<u>Integritätsbedingung</u>	*Regel 23*
Typ	*Fehlermeldung*

Beschreibung	*Ist die Klasse der zur Objektbeziehung Gesamtheit gehörenden Objekte Basisklasse für die Klasse der zur Objektbeziehung Teil gehörenden Objekte, dann müssen KardGesamtheit und KardTeil von der Form „0,*" sein*
Integritätsbedingung	*Regel 24*
Typ	*Fehlermeldung*
Beschreibung	*Ist die Klasse der zur Objektbeziehung Teil gehörenden Objekte Basisklasse für die Klasse der zur Objektbeziehung Gesamtheit gehörenden Objekte, dann muß KardTeil von der Form „0,*" sein*
Integritätsbedingung	*Regel 25*
Typ	*Fehlermeldung*
Beschreibung	*Existiert zu dieser Aggregation eine Aggregattion in der Gegenrichtung, dann muß mindestens eine KardGesamtheit und mindestens eine KardTeil von der Form „0,*" sein*

Nachrichtenverbindung:

Klasse	*Nachrichtenverbindung*
Beschreibung	*Stellt das Senden eines oder mehrerer Methodenaufrufe dar*
Attribut	*Typ*
Beschreibung	*Gibt an, ob eine Klassenmethode (Erzeugen eines Objekts) oder eine Objektmethode aufgerufen wird*
Objektbeziehung	*Klasse*
Kardinalitäten	*Nachrichtenverbindung 0,1 – Klasse 0,n*
Beschreibung	*Gibt den Empfänger einer Nachrichtenverbindung an und wird abhängig vom Typ der Nachrichtenverbindung aufgebaut*
Objektbeziehung	*Objekt*
Kardinalitäten	*Nachrichtenverbindung 0,1 – Objekt 0,m*
Beschreibung	*Gibt den Empfänger einer Nachrichtenverbindung an und wird abhängig vom Typ der Nachrichtenverbindung aufgebaut*
Objektbeziehung	*Nachrichtenweg*
Kardinalitäten	*Nachrichtenverbindung 1,m – Nachrichtenweg 0,n*
Beschreibung	*Gibt die Aggregation oder Objektbeziehung an, die der Methodenaufruf benutzt*
Objektbeziehung	*Objekt*
Kardinalitäten	*Nachrichtenverbindung 1 – Objekt 0,n*

Beschreibung	*Gibt an welche Objekte Sender dieser Nachrichten-verbindung sind*
<u>Objektbeziehung</u>	*Methode*
Kardinalitäten	*Nachrichtenverbindung 1,n – Methode 0,1*
Beschreibung	*Bezeichnet die über diese Nachrichtenverbindung aufrufbaren Methoden des Empfängers*
<u>Objektbeziehung</u>	*Ereignis*
<u>Kardinalitäten</u>	*Nachrichtenverbindung 1,m – Ereignis 0,1*
Beschreibung	*Liefert die Ereignisse aus dem dynamischen Modell, die die Nachrichtenverbindung nutzen*

Objektbeziehung:

<u>Klasse</u>	*Objektbeziehung*
Beschreibung	*Modelliert die Beziehungen zwischen Objekten einer oder zweier Klassen*

<u>Attribut</u>	*Kardinalität1*
Beschreibung	*Gibt an, wie oft Objekte der zugehörigen an der Objektbeziehung teilnehmen*
<u>Attribut</u>	*Kardinalität2*
Beschreibung	*Gibt an, wie oft Objekte der zugehörigen an der Objektbeziehung teilnehmen*

<u>Objektbeziehung</u>	*Objekt*
Kardinalitäten	*Objektbeziehung 2 – Objekt 0,n*
Beschreibung	*Gibt an welche Objekte an der Beziehung teilnehmen*

<u>Integritätsbedingung</u>	*Regel 21*
Typ	*Warnung*
Beschreibung	*Es existiert keine Vererbung, die gleichzeitig die Klasse der Gesamtheit-Objekte dieser Aggregation als Basisklasse (abgeleitete Klasse) und Klasse der Teil-Objekte dieser Aggregation als abgeleitete Klasse (Basisklasse) enthält*

Ereignis:

<u>Klasse</u>	*Ereignis*
Beschreibung	*Modelliert die Ereignisse, die Objekte in den Ereignis-folgediagrammen und Zustandsdiagrammen des dynamischen Modells senden und empfangen*
<u>Attribut</u>	*Ereignisname*

Beschreibung	*Identifiziert ein Ereignis im dynamischen Modell, entspricht dem korrespondierenden Methodennamen mit evtl. vorhandenen Argumenten, die in Klammern angefügt werden*
<u>Objektbeziehung</u>	*Aktion*
Kardinalitäten	*Ereignis 0,1 – Aktion 1,n*
Beschreibung	*Beschreibt die Aktion, die durch das Eintreffen des Ereignisses ausgelöst wird*
<u>Objektbeziehung</u>	*Objekt*
Kardinalitäten	*Ereignis 0,1 – Objekt 1,m*
Beschreibung	*Gibt an, welche Objekte Sender des Ereignisses sind*
<u>Objektbeziehung</u>	*Objekt*
Kardinalitäten	*Ereignis 0,1 – Objekt 1,n*
Beschreibung	*Gibt an, welche Objekte Empfänger dieses Ereignisses sind*
<u>Objektbeziehung</u>	*Nachrichtenverbindung*
Kardinalitäten	*Ereignis 0,1 – Nachrichtenverbindung 1,m*
Beschreibung	*Bezeichnet die Nachrichtenverbindung, die durch das Ereignis genutzt wird*
<u>Objektbeziehung</u>	*Übergang*
Kardinalitäten	*Ereignis 1,m – Übergang 1*
Beschreibung	*Bezeichnet den Übergang, der durch das Ereignis ausgelöst wird*

Zustand:

<u>Klasse</u>	*Zustand*
Beschreibung	*Modelliert eine bestimmte Kombination von Attributausprägungen, die ein Objekt innerhalb seiner Lebensdauer annehmen kann*
<u>Teil</u>	*Aktion*
Kardinalitäten	*Zustand 0,m – Aktion 0,n*
Beschreibung	*Gibt die Aktionen an, die in einem Zustand enthalten sind*
<u>Teil</u>	*Aktivität*
Kardinalitäten	*Zustand 0,n – Aktivität 1,m*
Beschreibung	*Gibt die Aktivitäten an, die in der Zeitdauer eines Zustands ausgeführt werden*
<u>Attribut</u>	*Zustandsname*
Beschreibung	*Identifiziert einen Zustand innerhalb eines Zustandsdiagramms*
<u>Objektbeziehung</u>	*Übergang*
Kardinalitäten	*Zustand 1,n – Übergang 1*

Beschreibung	Gibt ausgehende Übergänge an
Objektbeziehung	Übergang
Kardinalitäten	Zustand 1,n – Übergang 1
Beschreibung	Gibt eingehende Übergänge an

Integritätsbedingung	Regel 44
Typ	Fehlermeldung
Beschreibung	Zustand ist mit mindestens einem ausgehendem Übergang, der nicht in den Endzustand mündet, oder einem eingehenden Übergang, der nicht aus dem Anfangszustand kommt, assoziiert
Integritätsbedingung	Regel 45
Typ	Fehlermeldung
Beschreibung	Wird vom Anfangszustand über eine Folge von Zuständen und Übergängen erreicht
Integritätsbedingung	Regel 46
Typ	Fehlermeldung
Beschreibung	Jeder Zustand besitzt einen ausgehenden Übergang, der nicht wieder in denselben eingeht

4.6 Analysedokumente

Eine Anwendung der Regeln für einen konsistenten Systementwurf hat erst dann einen Sinn, wenn die Dokumente, die zur Überprüfung der Vorschriften benötigt werden, vorhanden sind. Aus diesem Grund werden im folgenden Regeln definiert, die den Zusammenhang zwischen den im Lauf einer Systemanalyse entstehenden Ergebnissen beschreiben. Die genaue Herleitung dieser Vorschriften findet sich in Rundshagen (1994). Ausgehend von den dort formulierten Regeln werden wir im folgenden Abschnitt das Metamodell der MAOOAM-Dokumente entwickeln.

4.6.1 Regeln

Regel 53 *Zu jedem statischen Systemmodell gehören mehrere Klassenbeschreibungen; jede Klassenbeschreibung gehört zu genau einem Klassendiagramm.*

Regel 54 *Jede Klassenbeschreibung enthält maximal ein Zustandsdiagramm; jedes Zustandsdiagramm gehört zu genau einer Klassenbeschreibung.*

Regel 55 *Jede Klassenbeschreibung enthält null bis n Methodenbeschreibungen, wenn n die Anzahl der algorithmisch komplexen Methoden bezeichnet; jede Methodenbeschreibung gehört zu genau einer Klassenbeschreibung.*

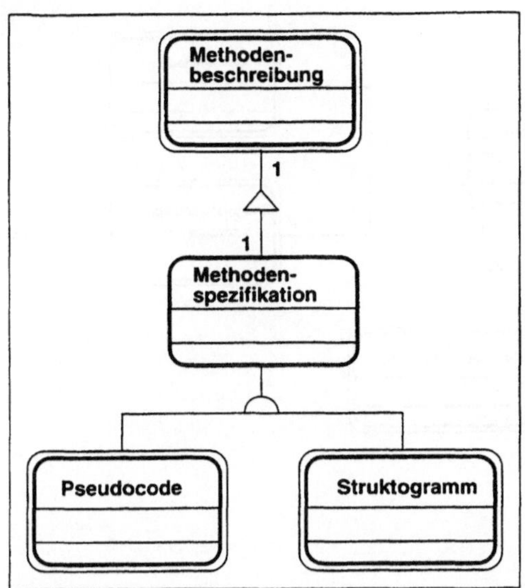

Abbildung 4.28: Zusammenhang zwischen Methodenbeschreibungen und Methoden-
spezifikationen

Regel 56 *Jede Methodenbeschreibung enthält eine Methodenspezifikation, jede Methodenspezifikation ist in einer Methodenbeschreibung enthalten.*

Abbildung 4.28 skizziert den Zusammenhang zwischen Methodenbeschreibungen und
-spezifikationen in Pseudocode und mit Struktogrammen.

Regel 57 *Jede Klassenbeschreibung steht mit einem oder mehreren Ereignisfolgediagrammen in Beziehung; zu jedem Ereignisfolgediagramm gehören eine oder mehrere
Klassenbeschreibungen.*

Regel 58 *Jedes Zustandsdiagramm enthält eine bis n Zustandsbeschreibungen, wenn
n die Anzahl der Zustände ist; jede Zustandsbeschreibung gehört zu genau einem
Zustandsdiagramm.*

Regel 59 *Zu jedem Ereignisfolgediagramm existiert kein oder genau ein Szenario;
zu jedem Szenario gibt es genau ein Ereignisfolgediagramm.*

4.6.2 Das Metamodell

Die Prüfung der Korrektheit eines Analysemodells unter Verwendung von Metamodellen kann in zwei aufeinanderfolgenden Schritten erfolgen. Zunächst kann untersucht

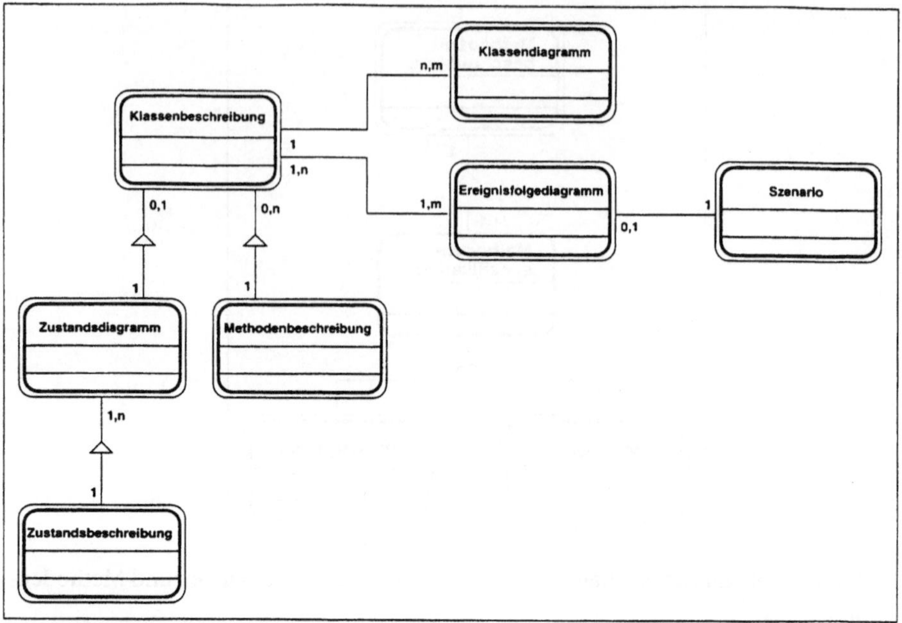

Abbildung 4.29: Analysedokumente und ihre Beziehungen untereinander

werden, ob die gesamten erforderlichen Analysedokumente erstellt worden sind, bevor die Ergebnisse einer detaillierten Konsistenzprüfung unterzogen werden.

Zur Prüfung der Analysedokumente auf Vollständigkeit wird das in Abbildung 4.29 dargestellte Modell verwendet, das die in einer Systemanalyse erstellten Dokumente und ihre Beziehungen untereinander enthält. Dieses Modell erhält man durch die Kombination der grafischen Darstellungen der in Abschnitt 4.6.1 aufgestellten Regeln.

Eine Implementierung des angegebenen Metamodells soll in einer weiteren Ausbaustufe des Integrationsmoduls für das MAOOAM*Tool erfolgen. Durch einen Vergleich der tatsächlich vorhandenen Dokumente und ihrer Beziehungen untereinander mit dem Metamodell können Unvollständigkeit bzw. Fehler auf der Ebene der Dokumente entdeckt werden.

4.7 Fazit

Die in den vorhergehenden Abschnitten dieses Kapitels hergeleiteten semantischen Regeln lassen sich ohne große Änderungen auch auf die in Kapitel 2 vorgestellten Methoden zur objektorientierten Systemanalyse übertragen. So haben die Regeln bezüglich der Kombination von Vererbungsstrukturen und Gesamtheit-/Teilstrukturen uneingeschränkte Gültigkeit bei den Methoden von Coad und Yourdon (1991*a*) oder Rumbaugh *et al.* (1991).

Einschränkungen bzw. Modifikationen müssen nur an den Stellen gemacht werden, an denen objektorientierte Konzepte aus MAOOAM auf andere Weise modelliert werden oder aber nicht verwendet werden. Beispiele für den ersten Fall sind die explizite Modellierung von Objekten bei Booch (1991*b*) oder Rumbaugh (1991); der zweite Fall tritt beispielsweise bei der Anpassung der Regeln auf die Methode von Shlaer und Mellor (1988) ein, da dort keine Methoden und Aggregationen modelliert werden.

Prinzipielle Schwierigkeiten bestehen hingegen bei der Anwendung der Regeln zu Methodenaufrufen, da außer dem Ansatz von Coad und Yourdon (1991*a*) keine weitere Methode das Konstrukt der Nachrichtenverbindung im Zusammenhang mit dem statischen Systemmodell kennt.

Da das Metamodell des MAOOAM-Ansatzes direkt aus den Konsistenzregeln abgeleitet ist, besitzt es die gleiche Allgemeingültigkeit in der objektorientierten Analyse wie die Konsistenzvorschriften und kann entsprechend an andere Methoden adaptiert werden.

Die prinzipielle Übertragbarkeit der Ergebnisse dieses Kapitels findet auch in dem im folgenden Kapitel beschriebenen Aufbau der Computerunterstützung in MAOOAM Berücksichtigung.

Kapitel 5

Computerunterstützung im MAOOAM-Projekt

Um der in Kapitel 2 für den praktischen Einsatz von Analysemethoden als notwendig erachteten Unterstützung durch entsprechende CASE-Tools gerecht zu werden, wird am Lehrstuhl für Wirtschaftsinformatik III der Universität Mannheim innerhalb des Projekts MAOOAM auch ein Upper-CASE-Tool entwickelt.

Dieses Werkzeug soll sich zunächst auf die Erstellung von Modellen im Rahmen der Systemanalyse beschränken. Unterstützt wird dabei nicht nur die eigentliche Modellierung, sondern auch die Konsistenzprüfung auf Basis der in Kapitel 4 erläuterten Überlegungen. In weiteren Projektschritten soll das Tool um Module für die Berechnung von Metriken, zur Generierung von C++-Code bzw. zur Wiederverwendung bereits implementierter Klassen aus Klassenbibliotheken ausgebaut werden. Tabelle 5.1 zeigt die innerhalb des Projekts geplanten bzw. schon als Prototypen realisierten Module des Werkzeugs MAOOAM*Tool.

Inhalt des vorliegenden Kapitels ist die Darstellung der Architektur der Computerunterstützung in MAOOAM, die Beschreibung der Funktionsweise der grafischen Editoren, die beispielhaft anhand des Editors für das statische Teilmodell erfolgt sowie die Darstellung der Umsetzung des in Kapitel 3 entwickelten Metamodells in Repository und Prüfkomponente.

MAOOAM*Tool	
Modul	Beschreibung
MAOOAM*Stat	Editor zur Eingabe des statischen Modells
MAOOAM*Dyn	Editor zur Eingabe des dynamischen Modells
MAOOAM*Func	Editor zur Eingabe des funktionalen Modells
MAOOAM*Rep	Repository zur zentralen Verwaltung der Entwicklungsinformationen
MAOOAM*Int	Komponente zur Prüfung von Analysemodellen auf syntaktische und semantische Korrektheit
MAOOAM*Met	Komponente zur Berechnung quantitativer Qualitätsmaße
MAOOAM*C++	Komponente zur Erzeugung von Sourcecode in C++ bzw. zur Wiederverwendung bereits entwickelter Klassen

Tabelle 5.1: Geplante und realisierte Module in MAOOAM

5.1   MAOOAM*Tool-Architektur

Der in den Abschnitten 2.3.1.1 bis 2.3.1.3 Aufteilung eines Systemmodells in drei Sichten folgend stellt das Werkzeug MAOOAM*Tool drei Editoren zur Eingabe der sichtspezifischen Informationen bereit. Die drei Module zum Editieren des Analysemodells werden gemeinsam mit einer Komponente zur Sichtenintegration und Konsistenzprüfung des Gesamtmodells unter einer einheitlichen grafischen Oberfläche verwaltet. Zur Realisierung der grafischen Benutzerschnittstelle ist der Anwendungsrahmen XVT-Power++ (vgl. hierzu XVT Software (1993)) eingesetzt worden, der eine spätere Portierung des CASE-Tools auf MS-Windows erlaubt.

Die während einer Systemanalyse eingegebenen Informationen werden in einem mit der objektorientierten Datenbank ObjectStore (Object Design (1993)) implementierten Repository gespeichert und für weitere Module zur Verfügung gestellt.

Abbildung 5.1 zeigt den Aufbau von MAOOAM*Tool, wie er auch in Schader und Rundshagen (1994) bzw. Rundshagen (1994) vorgestellt wird. Die grau unterlegten Module sind zum Zeitpunkt der Entstehung dieser Arbeit nur als bedingt einsatzfähige Prototypen realisiert, da die grafische Benutzeroberfläche der betreffenden Editoren noch nicht implementiert ist.

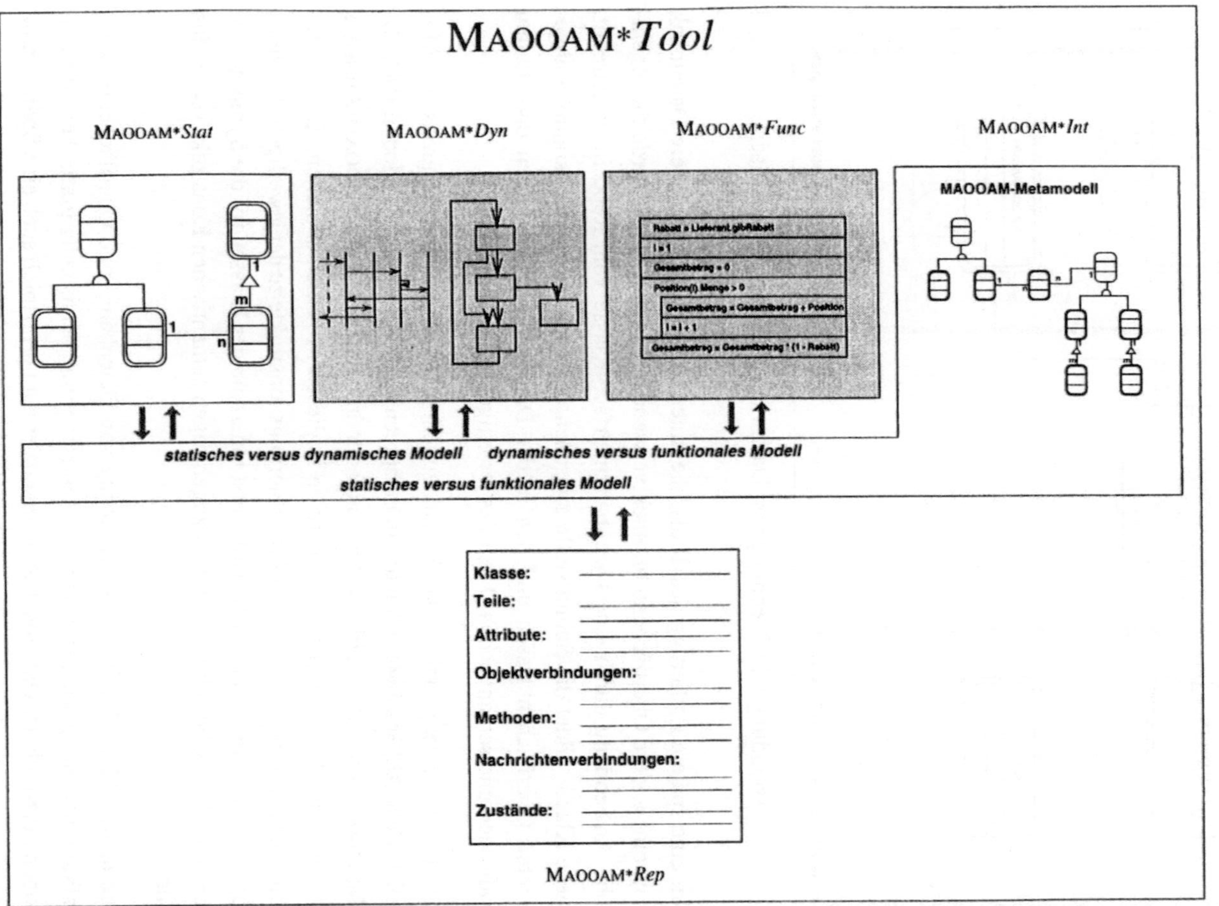

Abbildung 5.1: MAOOAM*Tool-Architektur in Anlehnung an Rundshagen (1994)

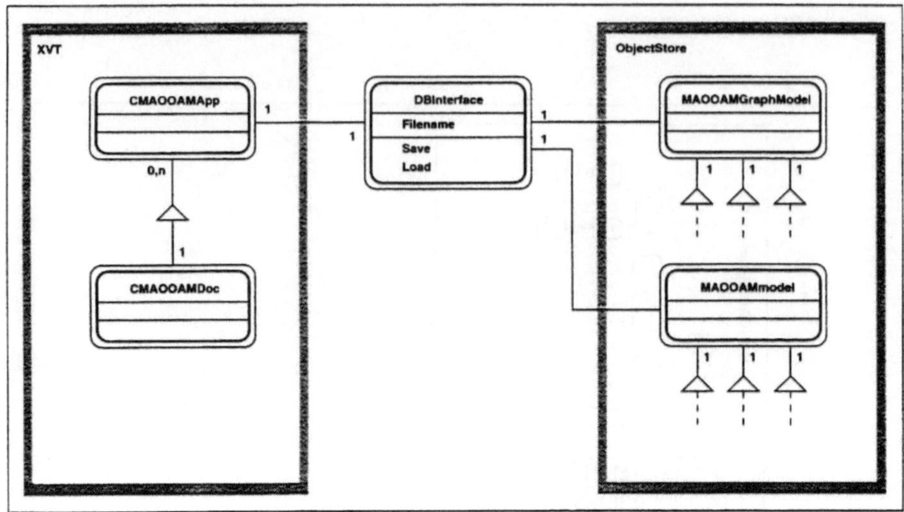

Abbildung 5.2: Trennung von Datenmanagement und Oberfläche

Um eine spätere Portierung des Tools, die unter Umständen eine andere Datenbank
bzw. eine andere Oberflächenbibliothek verwendet, zu erleichtern, wurde die eigentliche Anwendung durch eine Datenbankinterface-Klasse vom Repository getrennt.
Diese Klasse bildet die Schnittstelle zwischen den vom Anwendungsrahmen abgeleiteten Oberflächenklassen und den in der Datenbank gespeicherten dauerhaften
grafischen und semantischen Daten des jeweiligen Analysemodells.

Abbildung 5.2 zeigt, daß die Datenbank zu jedem Analysemodell ein grafisches Modell (MAOOAMGraphModel) und ein entsprechendes semantisches Modell (MAOO-
AMmodel) speichert. Grafik und Semantik der drei Teilsichten des MAOOAM-Ansatzes
sind jeweils über Aggregationsstrukturen in diesen Modellen enthalten. Die Zuordnung der grafischen Symbole der Modellierungskonstrukte zu der jeweiligen Beschreibung im semantischen Modell erfolgt erst innerhalb der Klassen für die Symbole, die
über eine Objektbeziehung mit dem zugehörigen semantischen Konstrukt verbunden
sind.

Die in Abbildung 5.2 skizzierte Trennung von Datenbank- und Oberflächenfunktio-
nalität einerseits sowie persistenter semantischer und persistenter grafischer Informationen innerhalb der Datenbank andererseits erlaubt prinzipiell auch eine Speicherung
der Analysedaten in einer anderen Datenbank oder als ASCII-Datei. Im letzten Fall
würde eine Abspeicherung der Grafik und Semantik in zwei verschiedenen Dateien
erfolgen. Auf die in der Datenbank gehaltene semantische Information greift auch
das in Abschnitt 5.4 vorgestellte Modul zur Konsistenzsicherung zu.

Die in Abschnitt 4 dieser Arbeit entwickelten Regeln zur Integration der statischen, dynamischen und funktionalen Systemsicht sind Bestandteil des in diesem Kapitel vorgestellten Prototyps des MAOOAM-Tools.

5.2 Der Editor für das statische Systemmodell
– MAOOAM*Stat

Beispielhaft für die Editoren der Teilmodelle des MAOOAM-Ansatzes sollen an dieser Stelle der Aufbau und die Funktionsweise des Editors für das statische Systemmodell dargestellt werden.

Grundlegende Anforderungen an die Oberfläche eines Upper-CASE-Tools beziehen sich vor allem auf die Diagrammfähigkeiten. Im Idealfall sollte ein Tool die Erstellung bzw. Änderung von Diagrammen nahezu in Echtzeit ermöglichen. Des weiteren muß aufgrund der Komplexität heutiger Softwaresysteme eine virtuelle Zeichenfläche unterstützt werden, die nicht von vornherein die Diagrammgröße und somit die Anzahl anzeigbarer Grafikelemente auf einen bestimmten Wert beschränkt. Eine Syntaxprüfung der jeweils unterstützten Methode ist nach Bieberstein (1993) ebenfalls eine wünschenswerte Eigenschaft einer CASE-Tool-Oberfläche (vgl. zur Beurteilung von CASE-Werkzeugen auch McClure (1989)). Die Liste dieser speziell im Zusammenhang mit CASE-Werkzeugen geforderten Eigenschaften einer Oberfläche könnte noch um ein Vielfaches erweitert werden und erhebt somit keinen Anspruch auf Vollständigkeit (vgl. zu Anforderungen an CASE-Tools etwa Yourdon (1993)). Es soll im Zusammenhang mit der vorliegenden Arbeit jedoch ein Eindruck von den für die Implementierung des Tools wichtigen Rahmenbedingungen vermittelt werden.

Zu diesen Kriterien kommen noch die Eigenschaften hinzu, die allgemein an die grafische Oberfläche einer interaktiven Anwendung gestellt werden. Diese beziehen sich beispielsweise auf Farbunterstützung, Mausfunktionen oder Konfigurierbarkeit der Oberfläche durch den Benutzer (vgl. zu diesem Themengebiet auch Shneiderman (1992) oder Herczeg (1994)). Diese allgemeinen Forderungen an die Ergonomie einer grafischen Benutzeroberfläche sind bei der Entwicklung des MAOOAM-Tools zu einem großen Teil schon dadurch berücksichtigt worden, daß zur Realisierung des Editors ein Anwendungsrahmen verwendet wurde, durch den die Grundkonstrukte der Oberfläche und deren Beziehungen untereinander bereits implizit vorgegeben sind. (Zu Vorteilen von Anwendungsrahmen bei der Erstellung grafischer Benutzerschnittstellen siehe Weinand (1992).)

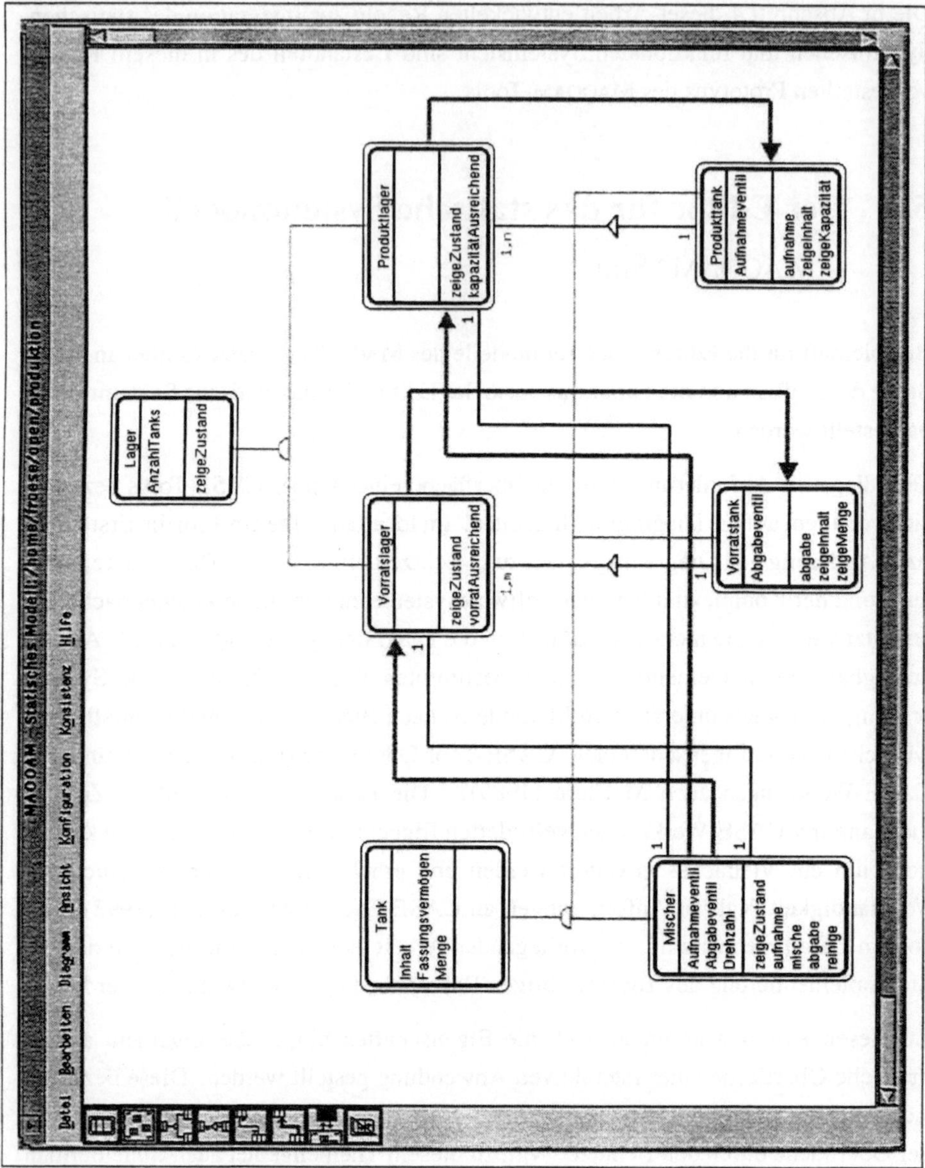

Abbildung 5.3: Benutzerschnittstelle des statischen Editors

Im folgenden soll die Funktionalität des statischen Editors und seiner Oberfläche, die in
Abbildung 5.3 dargestellt ist, unter Berücksichtigung der spezifischen Anforderungen
an eine CASE-Tool-Oberfläche kurz erläutert werden.

Bis auf die Eingabe von Text zur Vergabe von Namen oder zur Erstellung von Beschreibungen bzw. Anmerkungen ist die Oberfläche des Moduls MAOOAM**Stat* allein durch Mauseingaben zu steuern. Das eigentliche Analysediagramm wird durch Anklicken des gewünschten Arbeitsschritts in der am linken Rand des Fensters angezeigten ikonenbasierten Menüleiste und anschließendem Ausführen der gewählten Aktion (bspw. Klasse anlegen oder Nachrichtenverbindung einzeichnen) angelegt.

Zur Beschreibung der verwendeten Modellierungskonstrukte stehen Eingabefenster zur Verfügung (vgl. Abbildung 5.4 bis 5.7), die an die in Schader und Rundshagen (1994) vorgeschlagenen Schablonen zur Beschreibung von Modellierungskonstrukten angelehnte, vom Benutzer auszufüllende Masken bereitstellen.

Diese Aufteilung der Steuerung der Oberfläche erfüllt zum einen die Forderung nach einer leichten und unkomplizierten Erstellung des Analysediagramms, das vom Benutzer mittels direkter Manipulation editiert werden kann. Zum anderen erhält der Systemanalytiker die Möglichkeit, das zu entwickelnde System in einem beliebigen Detaillierungsgrad auch verbal zu beschreiben. Dies kann mit der Maus durch Auswählen des zu spezifizierenden Diagrammteils in der Zeichnung erfolgen.

Die in Kapitel 4 definierten syntaktischen Regeln für die statische Systemsicht in MAOOAM werden vollständig im grafischen Editor unterstützt. Dabei kann zwischen Unterstützung ohne und mit Benutzerinformation unterschieden werden. Bei der ersten Variante handelt es sich um die Syntaxregeln, die mit Generalisierungs-/Spezialisierungsstrukturen, Gesamtheit-/Teilstrukturen, Objektbeziehungen sowie Nachrichtenverbindungen zusammenhängen. Bei der Verwendung dieser Modellierungskonstrukte können Eingabefehler automatisch abgefangen werden. So kann beispielsweise eine Vererbungsstruktur nur zwischen zwei Klassen eingegeben werden und nicht etwa außerhalb eines Klassensymbols oder am Objektrahmen enden. Versucht der Systemanalytiker hingegen, in einem Analysemodell einen Klassennamen zweifach zu vergeben, so wird er durch eine Fehlermeldung darauf hingewiesen.

Ähnlich reagiert die MAOOAM-Tool-Oberfläche bei dem Versuch, innerhalb einer Klasse Attribut- bzw. Methodennamen mehrfach zu vergeben. Abbildung 5.8 zeigt die systemgenerierten Fehlermeldungen für diese Fehler.

Durch die Möglichkeit zur wahlfreien Eingabe von Namen bzw. beschreibenden Texten, kann die Korrektur der vom Anwender erzeugten Eingabefehler in diesen Fällen nicht vollständig von MAOOAM**Stat* erfolgen. Das CASE-Tool kann nur einen Hinweis auf den aufgetretenen Fehler geben, dessen Behebung allein in der Verantwortung des Anwenders liegt.

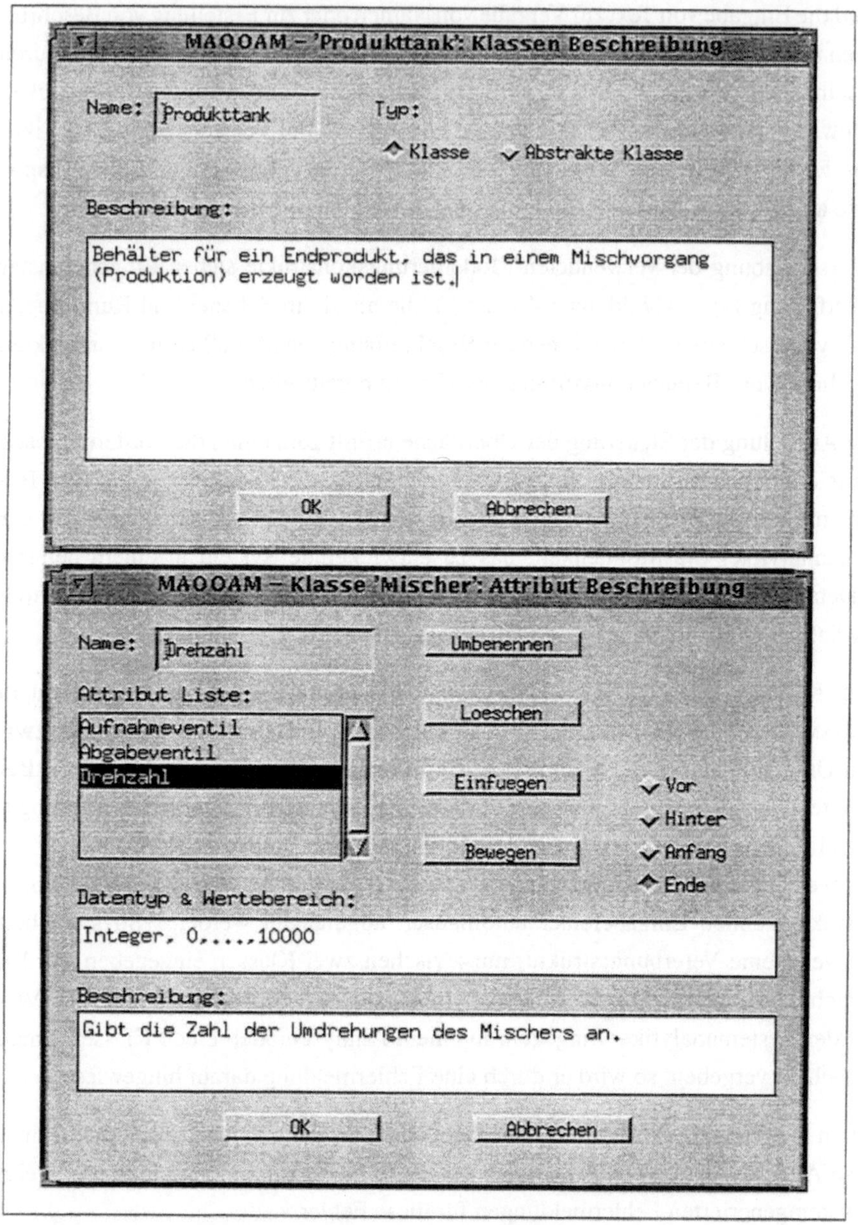

Abbildung 5.4: Dialogfenster zur Beschreibung von Klassen und Attributen

5.3 Das Repository – MAOOAM*Rep

Die Grundlage nahezu aller CASE-Architekturen bildet ein aktivitätsübergreifendes
Repository (auch als Entwicklungs- und Projektdatenbank, Data Dictionary, Enzy-

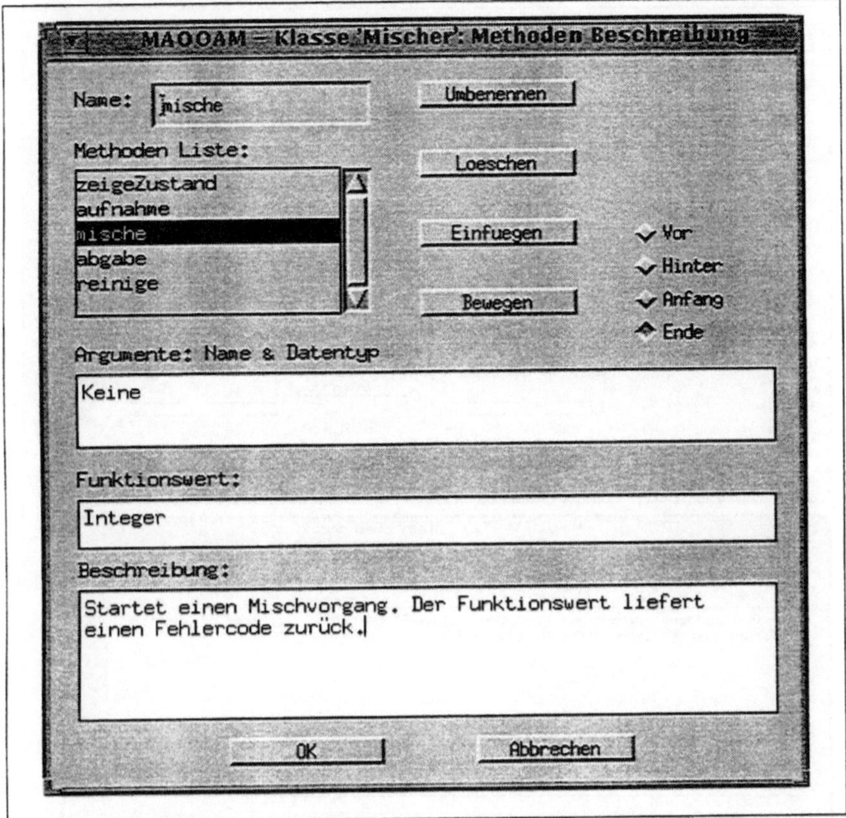

Abbildung 5.5: Dialogfenster zur Beschreibung von Methoden

klopädie etc. bezeichnet), das als zentrale Datenbank die Ergebnisse der Einzel-
werkzeuge aufnimmt und abstimmt (beispielsweise Redundanzen ausgleicht), so daß
die Werkzeuge die Arbeitsergebnisse ihrer Vorgänger lesen und weiterverarbeiten
können. Darüber hinaus enthält es auch administrative Daten (z.B. Soll/Ist-Vergleich
von Terminen, Kosten, Arbeitsfortschritt), Verwaltungsfunktionen (z.B. Versions- und
Konfigurationskontrolle), Dokumentationen und Metadaten. Mögliche Ansätze zur
Realisierung eines Repositories sind Gegenstand der Diskussion in Wissenschaft und
Praxis. Hier gewinnen verteilte und objektorientierte Datenbanklösungen immer mehr
an Gewicht (vgl. zu Repositories und deren Einsatz auch Yourdon (1993)).

Das Repository ist nach Bieberstein (1993) die Grundlage einer computergestützten
Softwareentwicklungsumgebung. Im Rahmen eines Upper-CASE-Tools ist der skizzierte Funktionalitätsumfang wesentlich geringer als für eine CASE-Umgebung, die
mehrere Phasen und Tätigkeiten unterstützt. Bei einem reinen Analysewerkzeug sind

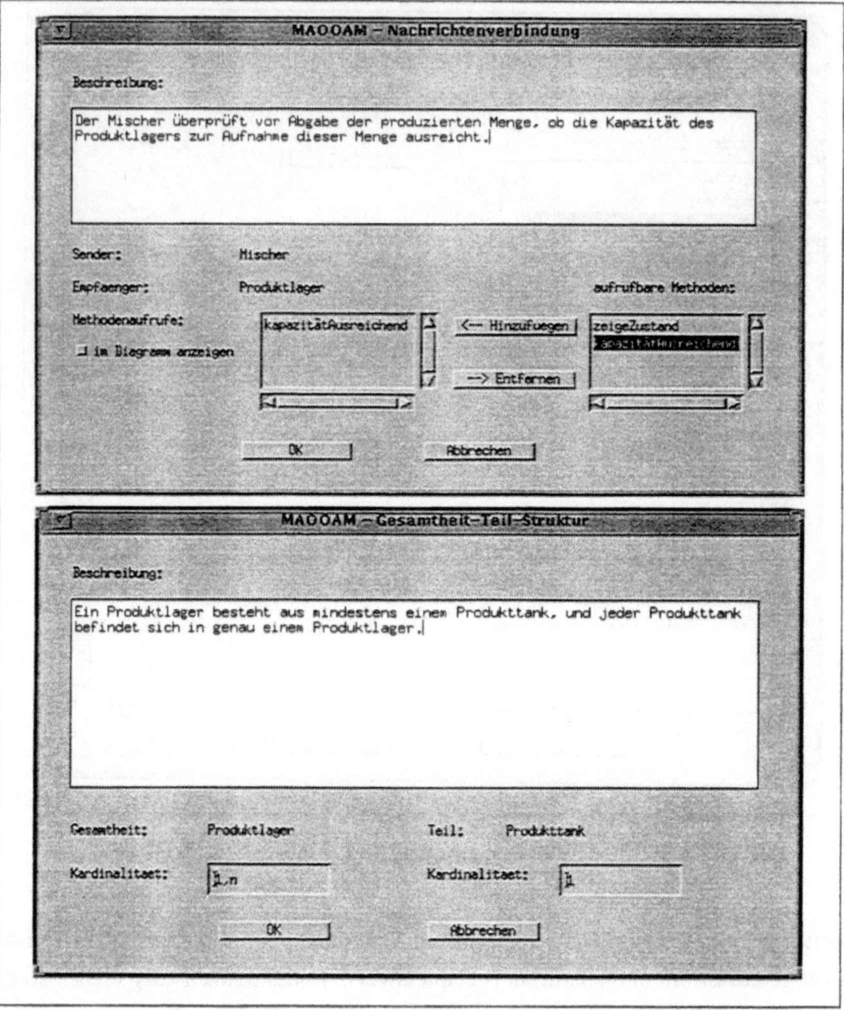

Abbildung 5.6: Dialogfenster zur Beschreibung von Nachrichtenverbindungen und Aggregationen

die zu verwaltenden Informationen homogen und von geringerer Komplexität. Im Fall des Prototyps von MAOOAM*Rep beschränkt die Funktionalität sich zunächst auf die Verwaltung der grafischen und semantischen Informationen der Systemanalyse. Dabei werden die von ObjectStore bereitgestellten Mechanismen zur Transaktionskontrolle und zum Mehrbenutzerbetrieb ausgenutzt. Erste Erfahrungen mit weiterführenden Repository-Eigenschaften, die mit ObjectStore unterstützt werden können, wie beispielsweise Versionskontrolle sind in Kohler (1995) beschrieben.

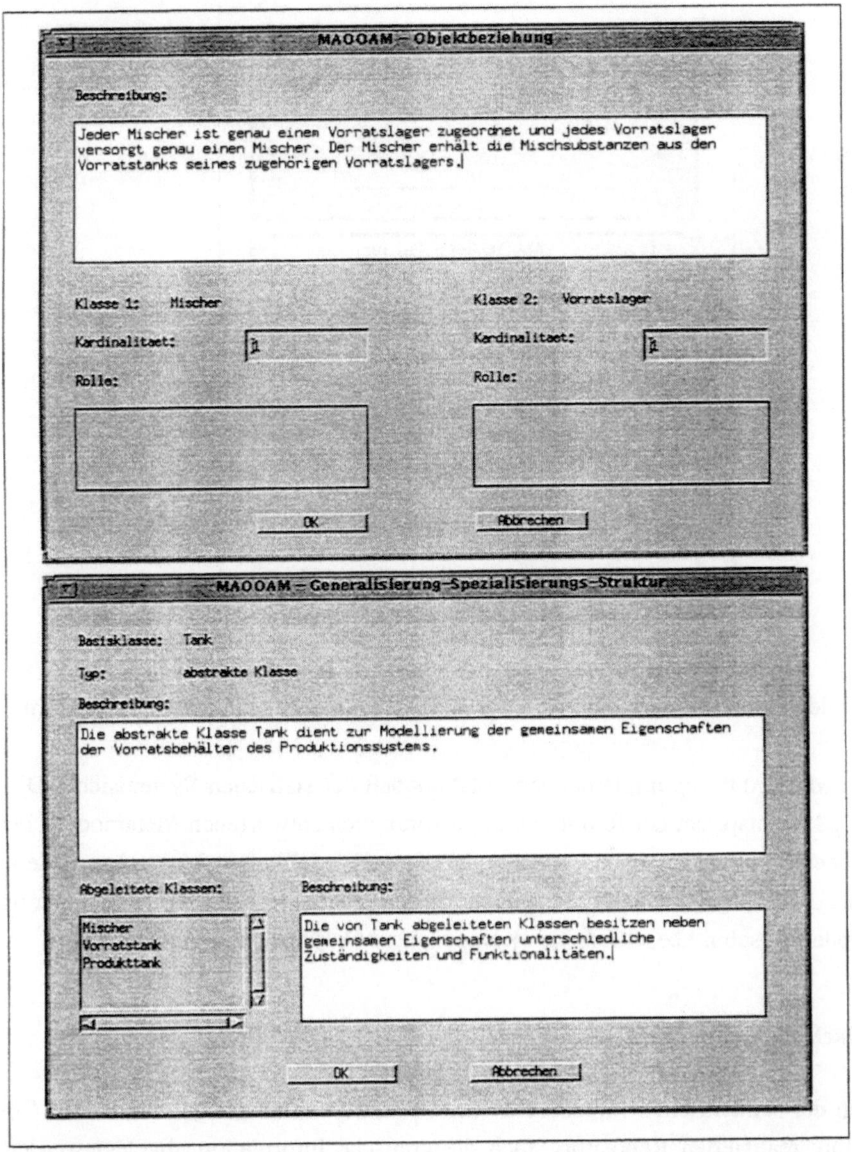

Abbildung 5.7: Dialogfenster zur Beschreibung von Objektbeziehungen und Vererbungsstrukturen

Semantische Informationen

Grundlage zur Verwaltung der mit MAOOAM*Tool entwickelten Analysemodelle ist das Metamodell, das in Abschnitt 4.5 hergeleitet worden ist. Abbildung 5.9 zeigt

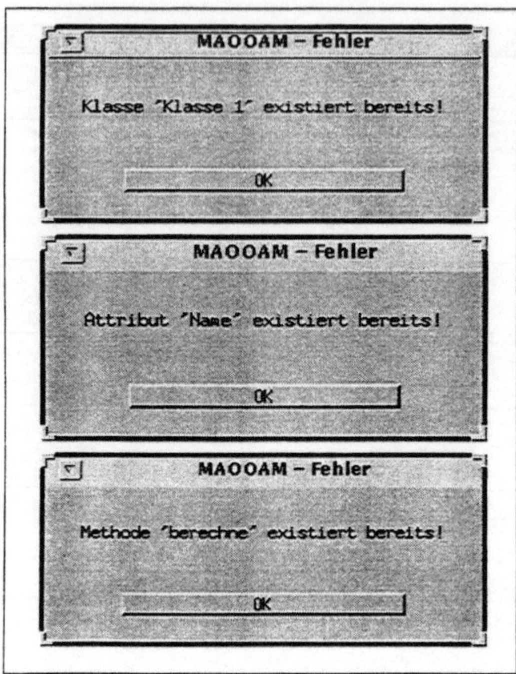

Abbildung 5.8: Fehlermeldung des grafischen Editors bei syntaktischen Fehlern

das in MAOOAM*Rep implementierte Metamodell der statischen Systemsicht. Dieses Modell entspricht der Reduktion des ursprünglich entworfenen Metamodells der statischen Sicht auf die in MAOOAM vorhandenen Modellierungskonstrukte. Wie in Kapitel 3 geschildert, sind die dabei nicht modellierbaren Konsistenzregeln in der im folgenden Abschnitt beschriebenen Komponente MAOOAM*Int implementiert.

Grafische Informationen

Neben der semantischen Information eines MAOOAM-Teilmodells muß im mit ObjectStore realisierten Repository auch die grafische Information abgelegt werden. Wie Abbildung 5.10 zeigt, wird zu jedem Objekt der Klassen des semantischen Datenmodells dessen grafisches Symbol verwaltet.

Die Trennung von Semantik und Grafik ist vorgenommen worden, da weitere Komponenten des Tools, die wie das Modul zur Integration der Teilmodelle schon als Prototypen realisiert sind bzw. wie MAOOAM*Met (zur Berechnung von Metriken) und MAOOAM*C++ (zur C++-Codegenerierung) erst in der Konzeptionsphase sind, nur auf das semantische Modell zugreifen müssen. Die Modellierung der grafischen

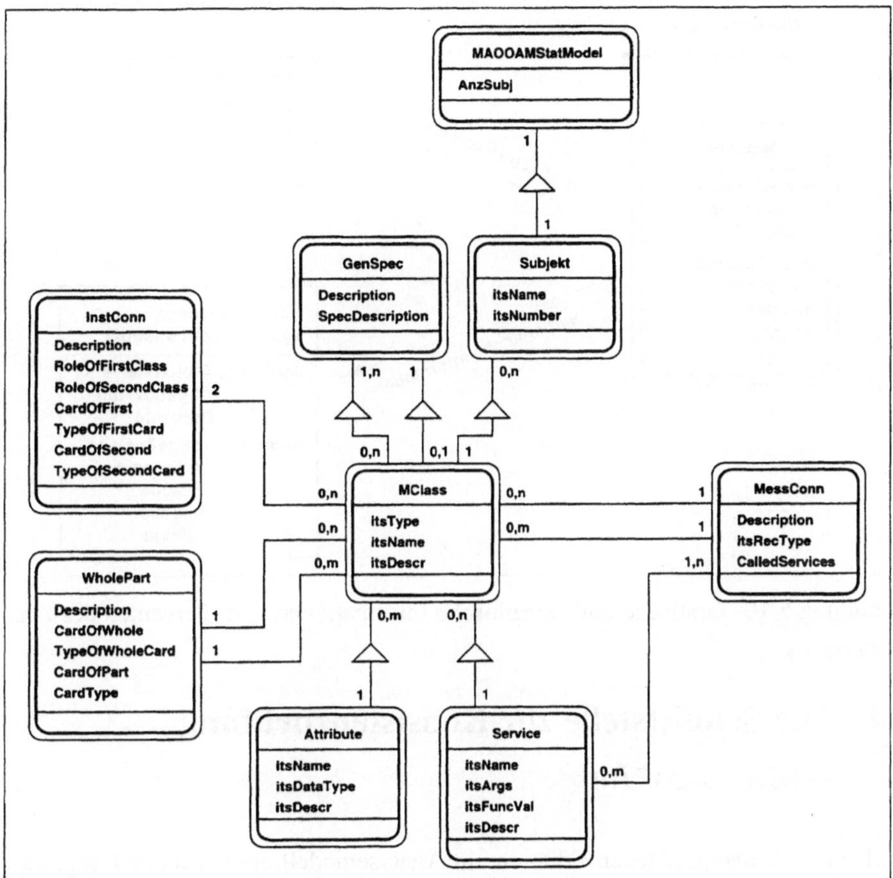

Abbildung 5.9: Die in ObjectStore abgelegten semantischen Informationen des statischen Systemmodells

und semantischen Information in einer gemeinsamen Klasse würde die Schnittstellen zu diesen und zu weiteren Modulen im MAOOAM-Projekt nur mit unnötiger Komplexität versehen.

Für das dynamische Teilmodell ist bisher nur ein Prototyp ohne grafischen Editor realisiert. Dementsprechend ist im Repository für diesen Bereich zur Zeit nur das semantische Datenmodell implementiert. Die Struktur für diesen Teil des Repositories wird aber der des statischen Systemmodells ähneln.

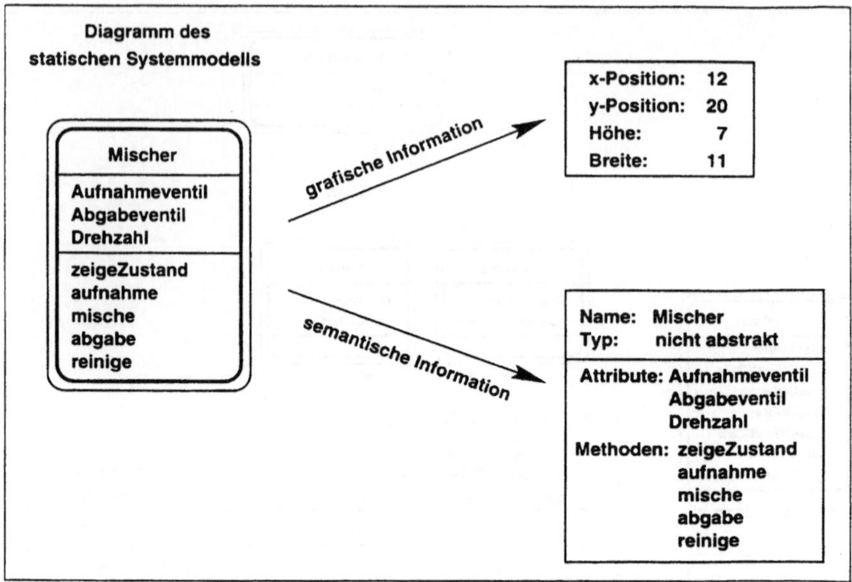

Abbildung 5.10: Grafische und semantische Informationen von Elementen des Analysemodells

5.4   Die Schnittstelle zur Konsistenzprüfung
– MAOOAM*Int

Nachdem mit den grafischen Editoren ein Analysemodell entworfen und abgespeichert worden ist, kann der Benutzer die Teilmodelle entweder einzeln oder als Gesamtmodell durch die Prüfkomponente auf Konsistenz prüfen. Die Basis der Konsistenzprüfung bilden die in Kapitel 4 aufgestellten semantischen Regeln. Die im MAOOAM-Tool realisierte Vorgehensweise soll im folgenden beispielhaft für das statische Systemmodell beschrieben werden.

Zunächst erzeugt das Prüfmodul eine Inzidenzmatrix des statischen Systemmodells, deren Einträge die nachfolgend beschriebene Struktur besitzen:

Seien x und y Klassen des statischen Modells und Knoten des durch die Inzidenzmatrix M^I beschriebenen Graphen, dann besitzt das Matrixelement $M_{(x,y)^I}$ folgendes Aussehen:

$$M^I_{(x,y)} = (spec(x,y), (part(x,y), cardagg), (obj(x,y), cardobj), mess(x,y))$$

wobei:

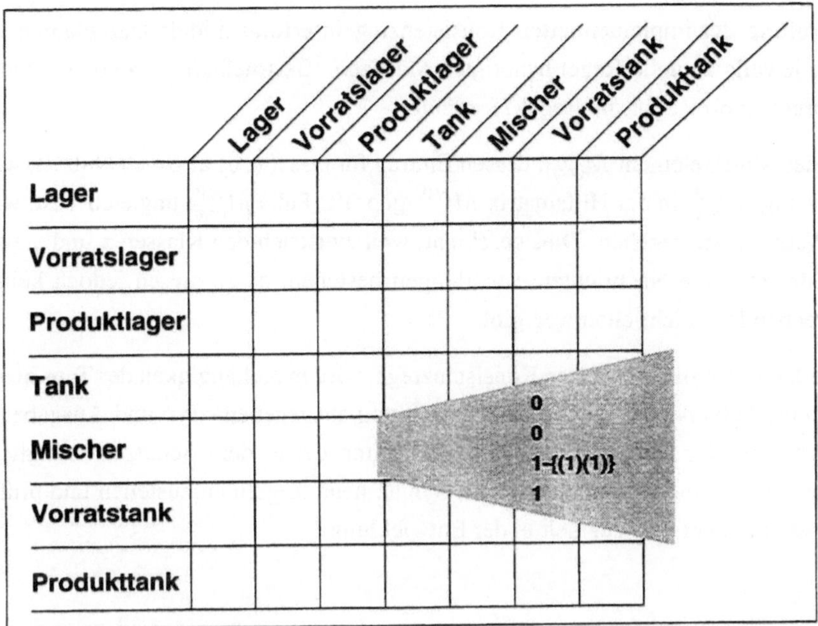

Abbildung 5.11: Beispiel eines Matrixelements für die Konsistenzprüfung

$spec(x, y)$ = 1, falls x von y abgeleitet ist, 0 sonst;

$part(x, y)$ = n, falls x n-mal in y enthalten ist, 0 sonst;

$cardagg$ ein Vektor von n Kardinalitäten für Aggregationsstrukturen ist;

$obj(x, y)$ = n, falls n die Anzahl der Objektbeziehungen zwischen x und y ist;

$cardobj$ ein Vektor von n Kardinalitäten für Objektverbindungen ist;

$mess(x, y)$ = n, falls x Sender von n Nachrichtenverbindungen zu y ist.

Die Informationen über Attribute, Methoden und Typ der Klassen des statischen Modells werden in einer Liste verwaltet. Abbildung 5.11 skizziert die aus dem Repository erzeugten Datenstrukturen, die Grundlage der Konsistenzprüfung sind. Die dargestellte Matrix basiert auf dem in Abbildung 2.30 des Abschnitts 2.3 dieser Arbeit dargestellten statischen Analysemodells eines Produktionsplanungssystems.

Bei Bedarf, d.h. bei Aktivierung entsprechender Regeln, werden aus Gründen der Laufzeiteffizienz zwei weitere Matrizen M^{NW} und M^{IV} generiert, deren Elemente angeben, ob zwischen zwei Klassen ein Nachrichtenweg existiert (vgl. Abschnitt 4.2) bzw. ob die jeweiligen Klassen indirekt voneinander abgeleitet sind.

Die Prüfung der implementierten Konsistenzregeln erfolgt mittels Durchlaufen der für die jeweils aktuelle Regel benötigten Matrizen. Beispielhaft sei an dieser Stelle die Vorgehensweise für die Regel 18 erläutert.

Für jedes Matrixelement $M_{(x,y)}$, dessen Eintrag für $mess(x,y)$ ungleich Null ist, wird der Eintrag $M_{(x,y)}^{NW}$ in der Hilfsmatrix M^{NW} geprüft. Falls $M_{(x,y)}^{NW}$ ungleich 1 ist, wird eine Warnung ausgegeben. Dies geschieht, weil zwischen den Klassen x und y zwar eine oder mehrere Nachrichtenverbindungen bestehen, es zu diesen jedoch keinen entsprechenden Nachrichtenweg gibt.

Bei Verletzung einer aktivierten Konsistenzregel wird in Abhängigkeit des Typs dieser Regel eine Fehler- bzw. eine Warnungsmeldung ausgegeben. Typ und Ausgabetext sind Attribute der Klasse Regel. Ein Regeleditor, der es dem Benutzer ermöglicht, zur Laufzeit in einer formal definierten Syntax neue Regeln aufzustellen und prüfen zu lassen, befindet sich zur Zeit in der Entwicklung.

Beispiel einer Benutzersitzung

Um einen Eindruck von der Unterstützung des Systemanalytikers durch das Modul MAOOAM*Int zu erhalten, soll an dieser Stelle der Ablauf einer Konsistenzprüfung dargestellt werden.

Abbildung 5.12 zeigt einen Ausschnitt des statischen Modells eines Informationssystems für die Abwicklung von Kundenreklamationen. Diese erste Version des Modells enthält die folgenden Verletzungen von Konsistenzregeln:

- Die Klasse Auswertung enthält explizite Methoden, empfängt jedoch keine Nachrichtenverbindung.

- Die Klasse Periodenauswertung enthält weniger als zwei Attribute.

- Objekte der von der Klasse Entschädigung abgeleiteten Klassen sind nicht erreichbar für Objekte der Klasse Periodenauswertung.

- Die Klasse Periodenauswertung ist von Auswertung abgeleitet und die Kardinalitäten der Aggregationsstruktur, die zwischen Objekten dieser beiden Klassen besteht, lassen die 0 nicht zu.

Nach Eingeben und Abspeichern des vorläufigen statischen Systemmodells kann der Systemanalytiker nun eine automatische Prüfung der gewünschten Regeln durchführen lassen. Hierzu bietet das Tool ihm eine Maske zur Auswahl der Konsistenzregeln an. Zur besseren Bedienbarkeit werden die Regeln anhand der in ihnen vorrangig geprüften Modellierungskonstrukte gruppiert.

Abbildung 5.13 zeigt das Dialogfenster zur Auswahl der aktiven Regeln. Falls der Anwender weitergehende Informationen zu den einzelnen Regelgruppen benötigt, so können auf Mausklick die zur betreffenden Gruppe implementierten Regeln in verbaler Form in einem Informationsfenster angezeigt werden. Die zur Prüfung von Vererbungsstrukturen in der jetzigen MAOOAM*Int-Version implementierten Regeln zeigt Abbildung 5.14.

Die bei einem Prüflauf entdeckten Regelverletzungen werden in einem Informationsfenster ausgegeben. Das Ergebnis einer Konsistenzprüfung des in Abbildung 5.12 dargestellten statischen Teilmodells zeigt Abbildung 5.15. Auf Wunsch des Toolbenutzers werden in der Oberfläche des grafischen Editors die von einer Konsistenzverletzung betroffenen Klassen des statischen Systemmodells farblich hervorgehoben. Die Kennzeichnung der hiervon betroffenen Klassen wird erst durch Anklicken des Klassensymbols aufgehoben. Bei einem Analysemodell, das größer ist als der tatsächlich sichtbare Ausschnitt, werden die in der aktiven Fehlermeldung genannten Klassen in der Mitte des Fensters positioniert. Der Systemanalytiker hat jetzt die Möglichkeit, ohne erst in einem komplexen Modell suchen zu müssen, die angezeigte Inkonsistenz zu beheben.

Das Modul MAOOAM*Int bietet also eine sinnvolle Hilfe bei der Entdeckung und Behebung von Modellierungsfehlern, die nicht durch die grafischen Editoren abgefangen werden.

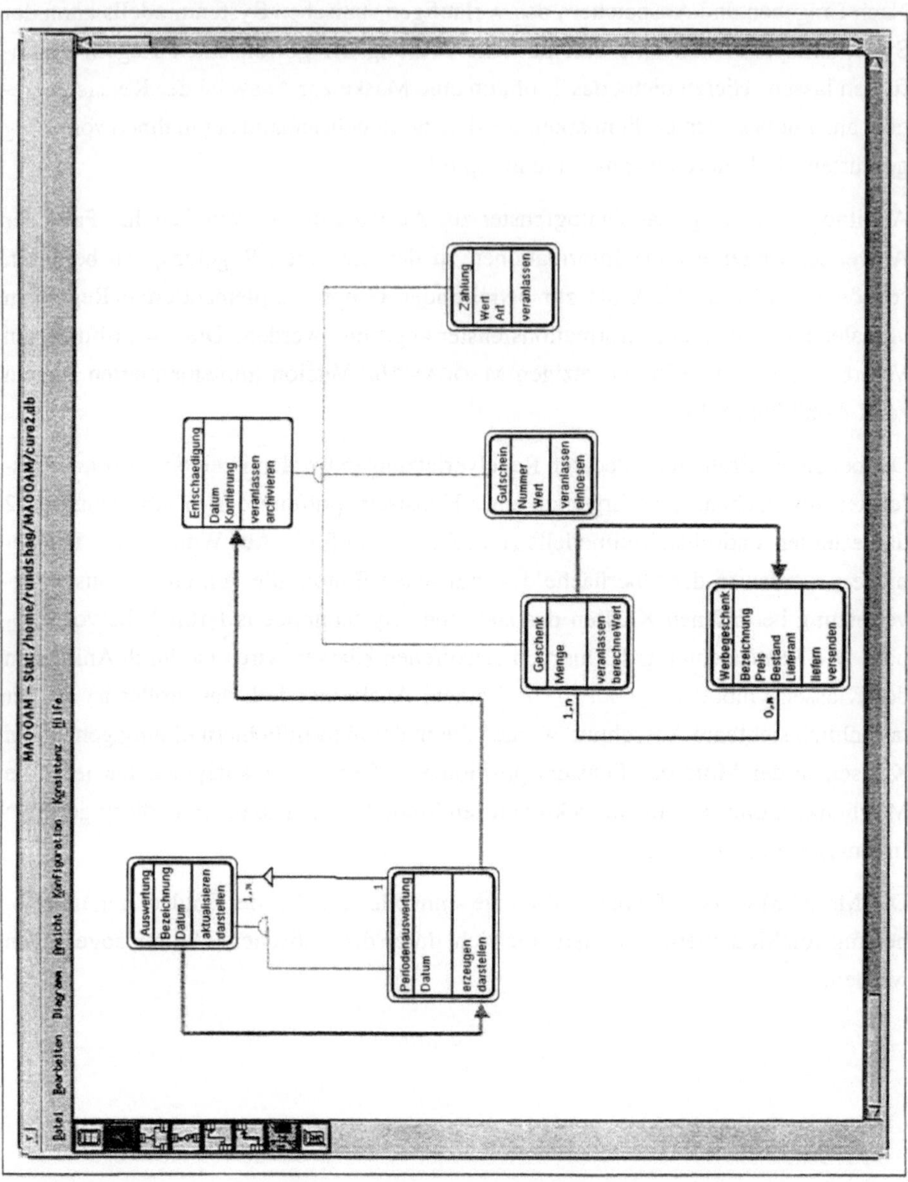

Abbildung 5.12: Ausschnitt des statischen Systemmodells eines Kundenreklamationssystems

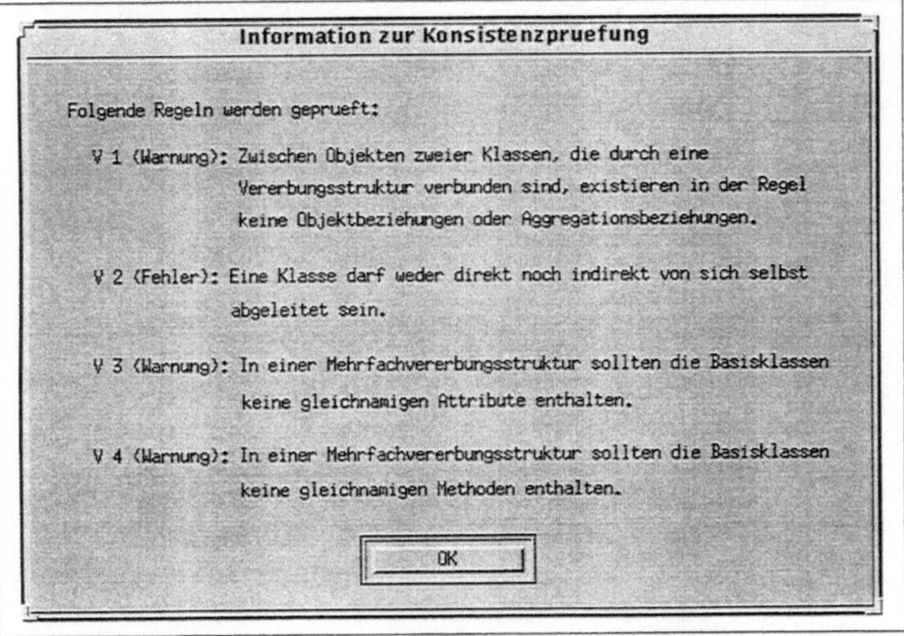

Abbildung 5.13: Dialogfenster zum Aktivieren und Aufrufen der Konsistenzregeln

Abbildung 5.14: Informationsfenster für Konsistenzregeln, die Vererbungsstrukturen betreffen

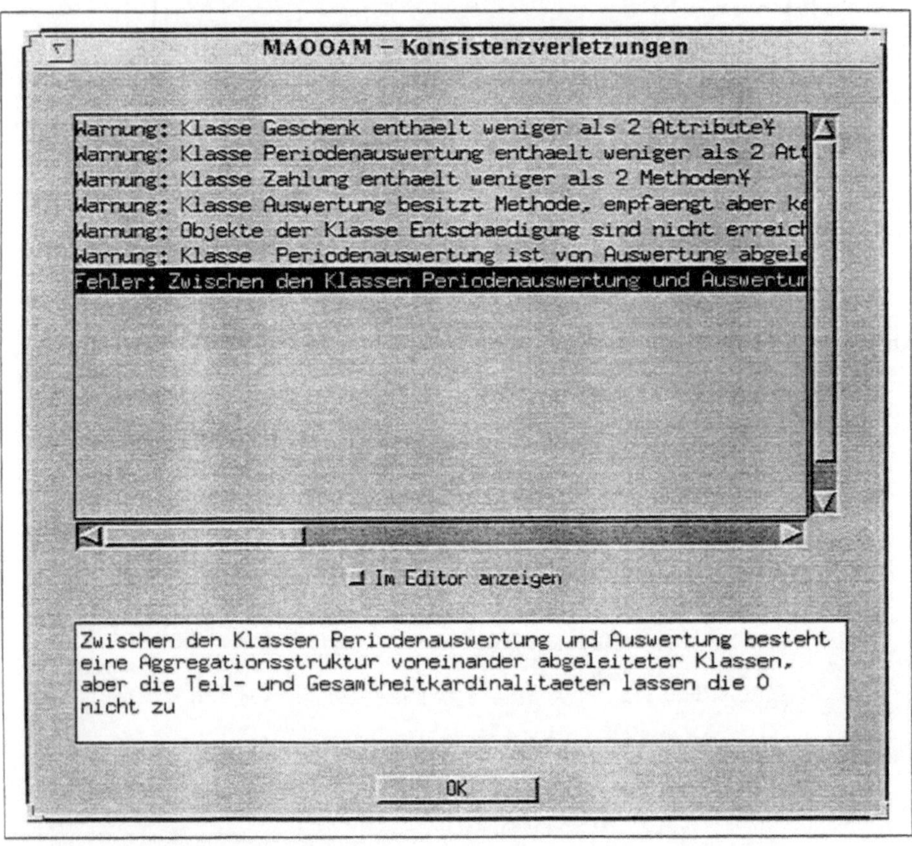

Abbildung 5.15: Informationsfenster für verletzte Konsistenzregeln

Kapitel 6

Schlußbemerkungen

In Kapitel 4 ist ein Konzept zur Unterstützung der Systemanalyse mit MAOOAM durch ein computergestütztes Werkzeug entwickelt worden. Den Schwerpunkt bildete die Formulierung von Konsistenzregeln, die einen korrekten Einsatz der zur Verfügung stehenden Modellierungskonstrukte gewährleisten. Das auf diesen Regeln aufbauende Metamodell ist mit einigen Einschränkungen auf die in Kapitel 2 dieser Arbeit vorgestellten objektorientierten Analysemethoden übertragbar.

Kapitel 5 beschreibt die Realisierung eines Prototyps zur toolgestützten Systemanalyse unter besonderer Gewichtung des Integrationsmoduls MAOOAM**Int*. Die Realisierung der Konsistenzprüfung läßt sich aufgrund der dort gewählten Datenstrukturen problemlos auch auf ein Modul zur Berechnung von objektorientierten Softwaremetriken übertragen.

Abschließend werden Erweiterungsmöglichkeiten der vorgestellten Ergebnisse für die Bereiche der Konsistenzregeln, des CASE-Tools sowie der eingesetzten Methode zur Systemanalyse aufgezeigt.

Regeln und Metamodell

Die im Rahmen dieser Arbeit aufgestellten Regeln sowie das entwickelte Metamodell müssen sich in der Zukunft im praktischen Einsatz des Tools und der Methode bewähren. Die Umsetzung der Integritätsbedingungen als Methoden in den betroffenen Klassen mit dem Ziel einer Konsistenzprüfung, bei der sich jedes Konstrukt „eigenverantwortlich" überprüft, ist der nächste Schritt in der Weiterentwicklung.

Im Zusammenhang mit Überlegungen zur Generierung von Sourcecode einer objektorientierten Programmiersprache ist eine Erweiterung bzw. Abänderung der Regelmenge in Abhängigkeit der Zielsprache sinnvoll.

MAOOAM*_Tool_

Das CASE-Tool bietet sicherlich die meisten Ansatzpunkte zur Weiterentwicklung. Mit den Prototypen der Analysemodule MAOOAM*_Stat_ und MAOOAM*_Dyn_ wird der erste Abschnitt in der Systementwicklung unterstützt. Weitere Komponenten des Tools im Hinblick auf die Berechnung von Metriken, wie sie beispielsweise in Kuhlmann (1994) oder Möller (1992) beschrieben werden, bzw. die Darstellung von Designinformationen zur Generierung von Sourcecode in der Programmiersprache C++ befinden sich im Aufbau.

Die Unterstützung des Systemanalytikers durch MAOOAM*_Tool_ kann durch Werkzeuge zur Simulation der Kommunikation zwischen Objekten weiterentwickelt werden. Denkbar ist beispielsweise die Visualisierung von Ereignisfolgen aus den Ereignisfolgediagrammen anhand der Nachrichtenverbindungen im statischen Systemmodell. Hiermit böte sich die Möglichkeit, die Übereinstimmung zwischen Realweltausschnitt und Modell des Problembereichs zu überprüfen (vgl. hierzu auch die Aussagen über pragmatische Qualität in Kapitel 4).

Neben der Unterstützung der Verwendung von objektorientierten Entwurfsmustern in Analyse (vgl. Coad *et al.* (1995)) und Design (vgl. beispielsweise Pree (1994)) sowie der Integration von verbreiteten Klassenbibliotheken, bietet auch der Ausbau der Funktionalität hin zu einem den gesamten Softwareentwicklungsprozeß umfassenden Werkzeug Raum für zukünftige Entwicklungen.

Die Analysemethode in MAOOAM

Mögliche Schwerpunkte bei der Weiterentwicklung der Analysemethode in MAOOAM sind die Berücksichtigung der notwendigen Tätigkeiten im Rahmen der allgemeinen Anforderungsanalyse, die der Systemanalyse vorausgeht, oder die Erweiterung der Modellierungsmöglichkeiten des dynamischen und funktionalen Modells.

Im Rahmen des dynamischen Modells ist eine halbformale Überprüfung der Vollständigkeit der durch die Szenarios und Ereignisfolgediagramme dargestellten Systemfunktionalität wünschenswert. Erste prinzipielle Vorschläge in diesem Themenbereich findet man beispielsweise bei Hsia *et al.* (1994).

Literaturverzeichnis

Abbot, R. J. (1983). 'Program Design by Informal English Descriptions'. *Communications of the ACM* **26**(11), 882–894.

Ackroyd, M. und D. Daum (1991). 'Graphical Notation for Object-Oriented Design and Programming'. *Journal of Object-Oriented Programming* **4**(1), 18–28.

Alabiso, B. (1988). 'Transformation of Data Flow Analysis Models to Object-Oriented Design'. *Proceedings of OOPSLA' 88* S. 335–353.

Anderson, J., L. Holland, J. McDonald und E. Scranage (1989). Automated Object-Oriented Requirements Analysis and Design. In 'Prooceedings of the 6th Annual Washington ADA Symposium 1989'. S. 265–272.

Andexer, H. (1991). 'AD/CYCLE – Das IBM-Softareentwicklungs-Konzept ... und wie geht es weiter?'. *Wirtschaftsinformatik* **33**(1), 26–32.

Atkinson, M., F. Bancilhon, D. De Witt, K. Dittrich, D. Maier und S. Zdonik (1989). 'The Object-Oriented Database System Manifesto'. *Proceedings DOOD'89* S. 1–18.

Atzeni, P. und R. Torlone (1993). 'A Metamodel Approach for the Management of Multiple Models and the Translation of Schemes'. *Information Systems* **18**(6), 349–362.

Baber, R. L. (1992). 'Konzepte für die Entwicklung möglichst fehlerfreier Software in der Vergangenheit und Zukunft'. *HMD* **29**(163), 3–16.

Back-Hock, A. (1994). 'Umsetzung objektorientierter Konstrukte im internen Rechnungswesen'. *Handbuch der modernen Datenverarbeitung (HMD)* **31**(176), 94–104.

Back-Hock, A. und P. Zäh (1992). Die Bedeutung der Objektorientierten Programmierung und Objektorientierter Datenbanken für Controlling-Anwendungen - Erste Erfahrungen. Diskussionspapier. Abteilung Wirtschaftsinformatik, Universität Erlangen-Nürnberg.

Bailin, S. (1989). 'An Object-Oriented Requirements Specification Method'. *Communications of the ACM* **32**(5), 608–623.

Balzert, H. (1993). 'Der JANUS-Dialogexperte: Vom Fachkonzept zur Dialogstruktur'. *Softwaretechnik-Trends* **13**(3), 62–72.

Balzert, H. (Hrsg.) (1991). *CASE, Systeme und Werkzeuge*. Wissenschaftsverlag. Mannheim, Wien, Zürich, 3. Auflage.

Banerjee, J., H.-T. Chou, J. F. Garza, W. Kim, D. Woelk und N. Ballou (1987). 'Data Modell Issues for Object-Oriented Applications'. *ACM Transactions on Office Information Systems* **5**(1), 3–26.

Barthmes, K. (1991). Analyse der Metamodelle der Methoden IEM/EY, ISO-TEC, SSADM, IEM/JMA. Diskussionspapier. Institut für Wirtschaftsinformatik, Hochschule St. Gallen.

Bauer, M. (1991). 'Einsatz von Sprachen der 4. Generation im Rahmen von CASE'. *Wirtschaftsinformatik* **33**(1), 40–46.

Beck, K. (1993). 'CRC: Finding Objects the Easy Way'. *Object Magazine* **3**(4), 42–44.

Becker, H. (1992). 'Objektorientierte Softwareentwicklung – Grundbegriffe und Entwicklungsvorgehen'. *Informationstechnik* **34**(2), 92–101.

Bell, R. (1994). 'Choosing Tools for Analysis and Design'. *IEEE Software* **11**(3), 121–125.

Berard, E. V. (1990). 'Object-Oriented Requirements Analysis'. *Hotline on Object-Oriented Technology* **1**(8), 9–11.

Berard, E. V. (1993). *Essays on Object-Oriented Software Engineering*. Vol. 1. Prentice-Hall. Englewood Cliffs, New Jersey.

Bertram, H., P. Blönnigen und A.-P. Bröhl (1993). *CASE in der Praxis*. Springer. Berlin u.a.

Beynon-Davies, P. (1992). 'Entity models to object models: Object oriented analysis and database design'. *Information and Software Technology* **34**(4), 255–262.

Bieberstein, N. (1993). *CASEtools: Auswahl – Bewertung – Einsatz*. Carl Hanser Verlag. München, Wien.

Blaha, M. (1992). 'Models of Models'. *Journal of Object-Oriented Programming* **5**(5), 13–18.

Blaha, M. (1993). 'Aggregation of Parts of Parts of Parts'. *Journal of Object-Oriented Programming* **6**(5), 14–20.

Boehm, B. W. (1976). 'Software Engineering'. *IEEE Transactions on Computers* **25**(12), 1226–1241.

Boehm, B. W. (1986). 'A Spiral Model of Software Development and Enhancement'. *ACM Sigsoft, Software Engineering Notes* **11**(4), 22–42.

Boehm, B. W. (1988). 'A Spiral Model of Software Development and Enhancement'. *IEEE computer* **21**(5), 61–72.

Booch, G. (1986). 'Object-Oriented Development'. *IEEE Transactions on Software Engineering* **12**(2), 211–221.

Booch, G. (1991*a*). Booch Method of Object Analysis and Design. Diskussionspapier. Rational.

Booch, G. (1991*b*). *Object-Oriented Design with Applications*. Benjamin-Cummings. Redwood City, California.

Booch, G. (1992). The Booch Method: Notation. Diskussionspapier. Rational.

Booch, G. (1994*a*). 'Next Generation Methods'. *Objects in Europe* **1**(1), 11–13.

Booch, G. (1994*b*). *Object-Oriented Analysis and Design with Applications*. 2nd edn. Benjamin-Cummings. Redwood City, California.

Brinkkemper, S. (1990). *Formalisation of Information Systems Modelling*. Thesis Publishers. Amsterdam.

Brinkkemper, S., M. de Lange, R. Looman und van der Steen F. H. G. C. (1990). 'On the Derivation of Method Companionship by Meta-Modeling'. *ACM SIGSOFT Software Engineering Notes* **15**(1), 49–58.

Bubenko, J. und A. Janis (1986). Information System Methodologies - a Research View. In 'Information Systems Design Methodologies: Improving the Practice'. Elsevier Science Publishers B.V.. North–Holland. S. 289–317.

Budd, T. (1991). *An Introduction to Object-Oriented Programming.* Addison–Wesley. Reading, Massachusetts u.a.

Budde, R., M.-L. Christ-Neumann, K.-H. Sylla und H. Züllighoven (1991). 'Objektorientierter Entwurf benutzerorientierter Anwendungssysteme'. *Softwaretechnik-Trends* **11**(3), 184–202.

Buhr, J. J. A. (1984). *System Design With Ada.* Prentice Hall. Englewood Cliffs u.a.

CADRE Technologies (1990). *teamwork/IM, Release 4.0 Users Guide.* Providence, Richmont.

Capretz, L. F. und P. A. Lee (1992). Reusability and Life Cycle Issues Within an Object-Oriented Methodology. In G. Heeg, B. Magnusson und B. Meyer (Hrsg.). 'TOOLS 7'. Prentice Hall. Hertfordshire, England. S. 139–150.

Carmichael, A. (1994). Toward a Common Object-Oriented Meta-Model for Object Development. In A. Carmichael (Hrsg.). 'Object Development Methods'. SIGS Books. New York. S. 321–333.

Cattell, R. G. G. (1994*a*). *Object Data Management: Object-Oriented and Extended Relational Database Systems.* Addison-Wesley. Reading, Massachusetts.

Cattell, R. G. G. E. (1994*b*). *The Object Database Standard: ODMG-93.* Morgan Kaufmann. San Mateo, California.

CDIF (1991). *CASE Data Interchange Format, Interim Standard EIA/IS-83.*

Chen, P. P.-S. (1976). 'The Entity-Relationship Model – Toward a Unified View of Data'. *ACM Transactions on Database Systems* **1**(1), 9–36.

Chidamber, S. R. und C. F. Kemerer (1991). 'Towards a Metrics Suite for Object Oriented Design'. *Proceedings of OOPSLA' 91* S. 197–211.

Coad, P. (1991*a*). 'Adding to OOA results'. *Journal of Object Oriented Programming* **4**(3), 64–69.

Coad, P. (1991*b*). 'OOA/OOD and OOP'. *Journal of Object Oriented Programming* **4**(2), 74–81.

Coad, P. (1992). 'Object-Oriented Patterns'. *Communications of the ACM* **35**(9), 152–159.

Coad, P., David North und Mark Mayfield (1995). *Object Models: Strategies, Patterns, and Applications.* Prentice Hall. Englewood Cliffs, New Jersey.

Coad, P. und E. Yourdon (1991*a*). *Object-Oriented Analysis.* 2nd edn. Prentice-Hall. Englewood Cliffs, New Jersey.

Coad, P. und E. Yourdon (1991*b*). *Object-Oriented Design.* Prentice-Hall. Englewood Cliffs, New Jersey.

Coad, P. und J. Nicola (1993). *Object-Oriented Programming.* Yourdon Press. Englewood Cliffs, New Jersey.

Coleman, D., P. Arnold, S. Bodoff, C. Dollin, F. Gilchrist, H. Hayes und P. Jeremaes (1994). *Object-Oriented Development – The Fusion Method.* Object-Oriented Series. Prentice Hall. Englewood Cliffs, New Jersey.

de Champeaux, D. (1991). 'Object-Oriented Analysis and Top-Down Software Development'. *ECOOP'91 Proceedings* S. 361–376.

de Champeaux, D. und P. Faure (1991). A Comparative Study of Object-Oriented Analysis Methods. Technical report. Hewlett-Packard.

de Champeaux, D. und W. Olthoff (1989). 'Towards an Object-Oriented Analysis Technique'. *Proceedings of the Pacific Northwest Software Quality Conference* S. 323–338.

DeMarco, T. (1979). *Structured Analysis and System Specification.* Yourdon Press. Englewood Cliffs, New Jersey.

Deutsche Gesellschaft für Qualität e.V. (1992). *Methoden und Verfahren der Software-Qualitätssicherung.* Beuth. Berlin.

di Leva, A., P. Giolito und F. Vernadat (1993). The M*-object Methodology for Information System Design in CIM Environments: The Conceptual Design Phase. Technical Report 1919. Institut National de Recherche en Informatique et en Automatique (INRIA).

Dürr, E. und J. van Katwijk (1992). VDM++ a Formal Specification Language for Object-Oriented Designs. In G. Heeg, B. Magnusson und B. Meyer (Hrsg.). 'TOOLS 7'. Prentice Hall. Hertfordshire, England. S. 63–77.

Dworatschek, S. und H. Höcker (1985). 'Möglichkeiten einer Bewertung software-technologischer Methoden'. *Angewandte Informatik* (5), 183–190.

Elmasri, R. und S. B. Navathe (1989). *Fundamentals of Database Systems*. Benjamin Cummings. Redwood City, California.

Embley, D. W., B. D. Kurtz und S. N. Woodfield (1992). *Object-Oriented Systems Analysis – A Model-Driven Approach*. Prentice-Hall. Englewood Cliffs, New Jersey.

Färberböck, H., T. Gutzwiller und M. Heym (1991). 'Ein Vergleich von Requirements Engineering Methoden auf Metamodell-Basis'. *Requirements Engineering '91* S. 41–66.

Fichman, R. G. und C. F. Kemerer (1992). 'Object-Oriented and Conventional Analysis and Design Methodologies – Comparison and Critique'. *IEEE Computer* **25**(10), 22–39.

Fleischer, P., A. Behdjati, S. Bagdon und P. Schlüter (1991). 'Der objektorientierte Software-Entwicklungsprozeß und seine Unterstützung durch Werkzeuge'. *Softwaretechnik* **11**(1), 23–53.

Fowler, M. (1992). 'A Comparison of Object-Oriented Analysis and Design Methods'. *Proceedings of OOPSLA '92*.

Froese, T. (1994). Objektorientierte Entwicklung einer grafischen Benutzeroberfläche für eine Testumgebung zum Abspeichern der statischen Sicht des MAOOAM-Ansatzes. Studienarbeit. Lehrstuhl für Wirtschaftsinformatik III, Universität Mannheim.

Gamma, E., R. Helm, R. Johnson und J. Vlissides (1995). *Design Patterns – Elements of Reusable Object-Oriented Software*. Addison Wesley. Reading, Massachusetts u.a.

Gane, C. und T. Sarson (1979). *Structured Systems Analysis: Tools and Techniques*. Prentice-Hall. Englewood Cliffs, New Jersey.

Goodland, M. (1994). The SSADM Method: An Object-Oriented Approach?. In A. Carmichael (Hrsg.). 'Object Development Methods'. SIGS Books, Inc.. S. 297–310.

Gossain, S. (1994). 'Modeling Rules in Object-Oriented Analysis'. *Object Magazine* **4**(7), 29–34.

Graham, I. (1991). *Object Oriented Methods*. Addison-Wesley. Reading, Massachusetts u.a.

Gutzwiller, T. (1994). *Das CC RIM-Referenzmodell für den Entwurf von betrieblichen, transaktionsorientierten Informationssystemen*. Physica-Verlag. Heidelberg.

Gutzwiller, T. und H. Österle (1990). Referenz-Meta-Modell Design. Diskussionspapier. Institut für Wirtschaftsinformatik, Hochschule St. Gallen.

Gutzwiller, T. und H. Österle (1991). CC RIM Referenz-Meta-Modell Analyse. Diskussionspapier. Institut für Wirtschaftsinformatik, Hochschule St. Gallen.

Habermann, H.-J. und F. Leymann (1993). *Repository: eine Einführung*. Handbuch der Informatik. Oldenburg Verlag. München, Wien.

Hackathorn, R. und J. Karimi (1988). 'A Framework for Comparing Information Engineering Methods'. *MIS Quarterly* S. 203–220.

Hammer, M. und D. McLeod (1981). 'Database Description with SDM: A Semantic Database Model'. *ACM Transactions on Database Systems* **6**(3), 351–386.

Harel, D. (1987). 'Statecharts: A Visual Formalism for Complex Systems'. *Science of Computer Programming* **8**, 231–274.

Harel, D. (1988). 'On Visual Formalisms'. *Communications of the ACM* **31**(5), 514–529.

Hars, A. (1994). *Referenzmodelle – Grundlagen effizienter Datenmodellierung*. Gabler. Wiesbaden.

Heilmann, H., A. Gebauer und M. Simon (1993). 'Objektorientiertes Software Engineering'. *HMD* **30**(170), 11–23.

Hekmatpour, S. und D. Ince (1988). *Software Prototyping, Formal Methods and VDM*. Addison-Wesley. Wokingham, England u.a.

Henderson-Sellers, B. (1992). *A Book of Object-Oriented Knowledge – Object-Oriented Analysis, Design and Implementation: A new Approach to Software Engineering*. Prentice Hall. New York u.a.

Henderson-Sellers, B. und J. M. Edwards (1990). 'The Object-Oriented Systems Life Cycle'. *Communications of the ACM* **33**(9), 142–159.

Henderson-Sellers, B. und J. M. Edwards (1994*a*). *Book Two of Object-Oriented Knowledge: The Working Object*. Prentice Hall. Sydney.

Henderson-Sellers, B. und J. M. Edwards (1994*b*). 'MOSES: A Second Generation Object-Oriented Methodology'. *Object Magazine* **4**(2), 68–71.

Henderson-Sellers, B. und L. Constantine (1991). 'Object-Oriented Development and Functional Decomposition'. *Journal of Object Oriented Programming* **4**(1), 11–16.

Herczeg, M. (1994). *Software-Ergonomie: Grundlagen der Mensch-Computer-Kommunikation*. Addison-Wesley Publishing Company. Bonn, Paris.

Heß, H. und A.-W. Scheer (1992). 'Methodenvergleich zum objektorientierten Design von Softwaresystemen'. *HMD* **29**(165), 117–137.

Heß, H. (1991). Vergleich von Methoden zum objektorientierten Design von Softwaresystemen. Diskussionspapier. Institut für Wirtschaftsinformatik, Universität des Saarlandes.

Hesse, W. (1990). Two Metamodels for Application System Development – Conventional vs. Object-Oriented Approach. In M. Broy und M. Wirsing (Hrsg.). 'Programming Methodology'. Springer. Heidelberg u.a.

Hesse, W., G. Barkow, H. von Braun, H.-B. Kittlaus und G. Scheschonk (1994). 'Terminologie in der Softwaretechnik – Ein Begriffssystem für die Analyse und Modellierung von Anwendungssystemen Teil 1: Begriffssystematik und Grundbegriffe'. *Informatik Spektrum* **17**(1), 39–47.

Hildebrand, K. (1991). 'Klassifizierung von Software-Tools'. *Wirtschaftsinformatik* **33**(1), 13–25.

Hong, S., G. van den Goor und S. Brinkkemper (1993). 'A Formal Approach to the Comparison of Object-Oriented Analysis and Design Methodologies'. *Hawai International Conference on System Sciences* **4**, 689–698.

Hong, S. und F. Maryanski (1990*a*). 'Representation of Object-Oriented Data Models'. *Information Sciences* **52**(3), 247–284.

Hong, S. und F. Maryanski (1990*b*). Using a Meta Model to Represent Object-Oriented Data Models. In 'Proceedings of IEEE Sixth Int. Conference on Data Engineering'. IEEE. S. 11–19.

Hopcroft, J. E. und J. D. Ullman (1979). *Introduction to Automata Theory, Languages and Computation.* Addison Wesley. Reading Massachusetts.

Hsia, P., Jayarajan Samuel, Jerry Gao, David Kung, Yasufumi Toyoshima und Cris Chen (1994). 'Formal Approach to Scenario Analysis'. *IEEE Software* **11**(2), 33–41.

Hull, R. und R. King (1987). 'Semantic Database Modeling: Survey, Applications, and Research Issues'. *ACM Computing Surveys* **19**(3), 201–260.

ISOTEC (o.J.). Informationsstrukturanalyse Version 2.2 und Funktionsstrukturanalyse Version 2.1. Technischer Report. EDV Studio Ploenzke.

Jacobson, I. (1987). 'Object-Oriented Development in an Industrial Environment'. *Proceedings of OOPSLA' 87* S. 183–191.

Jacobson, I., M. Christerson, P. Jonsson und G. Övergaard (1992). *Object-Oriented Software Engineering – A Use Case Driven Approach.* Addison-Wesley. Wokingham, England u.a.

Koesen, C. A. M., S. Brinkkemper und H. E. Keus (1989). 'The Layered Modelling of Dialogues and its Support Workbench'. *Advance Working Papers, Third International Conference on Computer Aided Software Engineering* S. 87–102.

Kohler, U. (1995). Konzeption eines Repository für ein Upper-CASE-Tool. Diplomarbeit. Lehrstuhl für Wirtschaftsinformatik III, Universität Mannheim.

Kokol, P. (1993). 'Metamodelling: How, Why and What?'. *ACM Software Engineering Notes* **18**(2), 25–26.

Kuhlmann, K. (1994). Ein Katalog objektorientierter Qualitätsmaße. Diskussionspapier 2-94. Lehrstuhl für Wirtschaftsinformatik III, Universität Mannheim.

Lano, K. und Haughton, H. (Hrsg.) (1994). *Object-Oriented Specification Case Studies.* Prentice Hall. Herfordshire.

Lindland, O. I., S. Guttorm und S. Sølvberg (1994). 'Understanding Quality in Conceptual Modeling'. *IEEE Software* **11**(2), 42–49.

Loomis, M., A. Shah und J. Rumbaugh (1987). 'An Object Modeling Technique For Conceptual Design'. *Europian Conference on OOP.*

Loucopoulos, P., W. Black, A. Sutcliffe und P. Layzell (1987). 'Towards a Unified View of System Development Methods'. *International Journal of Information Management* 7(2), 205–218.

Love, T. (1991). 'Timeless Design of Information Systems'. *Object Magazine* 1(6), 46–51.

Love, T. (1993). *Object Lessons*. SIGS Books. New York.

Mark V Systems (1994). *ObjectMaker, Version 3.1 Users Guide*. Encino, California.

Martin, J. und C. McClure (1985). *Structured Techniques for Computing*. Prentice-Hall. Englewood Cliffs, New Jersey.

Martin, J. und J. Odell (1992). *Object-Oriented Analysis and Design*. Prentice Hall. Englewood Cliffs, New Jersey.

Marx, S. und M. Rundshagen (1992). Systemanalyse nach Coad und Yourdon am Beispiel der Methodenkomponente von WIMDAS. Diskussionspapier 2-92. Lehrstuhl für Wirtschaftsinformatik III, Universität Mannheim.

McClure, C. (1989). *CASE is Software Automation*. Prentice-Hall. Englewood Cliffs, New Jersey.

McMenamin, S. M. und J. F. Palmer (1984). *Essential Systems Analysis*. Yourdon Press. New York.

Meyer, B. (1989). 'From Structured Programming to Object-Oriented Design: The Road to Eiffel'. *Structured Programming* 10(1), 19 – 39.

Meyer, B. (1990). *Objektorientierte Softwareentwicklung*. Hanser Verlag. München, Wien.

Möller, K.-H. (1992). 'Metrikeinsatz in der Softwareentwicklung'. *HMD* 29(163), 17–30.

Monarchi, D. und G. I. Puhr (1992). 'A Research Typology for Object-Oriented Analysis and Design'. *Communications of the ACM* 35(9), 35–47.

Müller, H. (1994). Marketing für objektorientierte CASE-Systeme. Diplomarbeit. Lehrstuhl für Wirtschaftsinformatik III, Universität Mannheim.

Nassi, I. und B. Shneiderman (1973). 'Flowchart Techniques for Structured Programming'. *ACM SIGPLAN Notices* 8(8), 12–26.

Nierstrasz, O., S. Gibbs und D. Tsichritzis (1992). 'Component-Oriented Software Development'. *Communications of the ACM* **35**(9), 160–165.

Nijssen, G. M. und T. A. Halpin (1989). *Conceptual Schema and Relational Database Design: a Fact-Oriented Approach*. Prentice-Hall. Australia.

Nikel, B. (1994). OrgIS gestützte Entwicklung eines Referenzmodells für die operativen Vertriebsfunktionen eines Auftragsfertigers auf der Grundlage der Objekttypennetze. Dissertation. Universität Mannheim.

Nuseibeh, B., J. Kramer und A. Finkelstein (1993). 'Expressing the Relationships Between Multiple Views in Requirements Specification'. *IEEE Software* S. 187–196.

Object Design (1993). *ObjectStore Release 3.0 for UNIX Systems*. Burlington. Massachusetts.

Object International (1994). *Together/C++, Version 1.0 Users Guide*. Stuttgart.

Odell, J. (1991). Object-Oriented Analysis and Design. In R. Wiener (Hrsg.). 'Journal of Object-Oriented Programming – Focus on Analysis & Design'. SIGS Publications. Colorado Springs. S. 74–84.

Odell, J. (1992). 'Modeling Objects Using Binary- and Entity-Relationship Approaches'. *Journal of Object-Oriented Programming* **5**(3), 12–18.

Olle, T. W., H. G. Sol und A. A. Verrijn-Stuart (1986). *Information Systems Design Methodologies: Improving the Practice*. Elsevier Science Publishers B.V.. North–Holland.

Olle, T. W., J. Hagelstein, I. G. Macdonald, C. Rolland, H. G. Sol, F. J. M. Van Assche und A. A. Verrijn-Stuart (1991). *Information Systems Methodologies – A Framework For Understanding*. 2nd edn. Addison-Wesley. Wokingham, England u.a.

OMG (1992*a*). *The Common Object Request Broker: Architecture and Specification, Revision 1.1*. The Object Management Group. Framingham, Massachusetts.

OMG (1992*b*). Object Analysis and Design: Reference Model Draft 7.0. Technical report. Object Management Group.

OMG (1994). *Object Analysis and Design – Description of Methods*. John Wiley & Sons. New York.

Österle, H. und T. Gutzwiller (1992*a*). *Konzepte angewandter Analyse- und Design-Methoden – Band1: Ein Referenz-Metamodell für die Analyse und das System-Design*. AIT Angewandte Informations Technik Verlags GmbH. Hallbergmoos.

Österle, H. und T. Gutzwiller (1992*b*). *Konzepte angewandter Analyse- und Design-Methoden – Band2: Ein Beispiel für die Analyse und das System-Design*. AIT Angewandte Informations Technik Verlags GmbH. Hallbergmoos.

Page-Jones, M. (1991). *Praktisches DV-Projektmanagement*. Hanser. München, Wien.

Page-Jones, M., L.L. Constantine und S. Weiss (1990). 'Modeling Object-Oriented Systems: The Uniform Object Notation'. *Computer Language* **7**(10), 69–87.

Palmer, J. (1993). 'The Problems With Inheritance, Part 1'. *Object Magazine* **3**(6), 82–83.

Potts, C. (1989). 'A Generic Model for Representing Design Methods'. *11th International Conference on Software Engineering* S. 217–226.

Pree, W. (1994). *Design Patterns for Object-Oriented Software Development*. Addison-Wesley, ACM Press.

Rational (1993). *Rational Rose, Version 2.0 Users Guide*. Santa Clara, California.

Rauh, O. und E. Stickel (1992). 'Beziehungsprobleme: Zur Quantifizierung von Beziehungsarten im ER-Modell'. *Informationstechnik* **34**(6), 345–351.

Rautenstrauch, C. (1992). 'Neue und bekannte Softwarequalitätsmerkmale für betriebliche Anwendungssysteme'. *HMD* **29**(163), 31–39.

Reusch, P. und J.-J. Wintraecken (1990). *Systemanalyse und Systemspezifikation*. BI Wissenschaftsverlag. Mannheim u.a.

Rösch, M. (1994). 'OMG-Standards und ihre Bedeutung für die Praxis'. *DEVCON'94 Conference Proceedings* S. 197–206.

Rosenberg, D. (1993). 'Using the Object Modeling Technique with Objectory for Client/Server Development'. *Object Magazine* **3**(4), 54–60.

Rumbaugh, J. (1991). 'The Evolution of Bugs and Systems'. *Journal of Object Oriented Programming* **4**(6), 48–52.

Rumbaugh, J. (1992*a*). 'Derived Information'. *Journal of Object-Oriented Programming* **5**(3), 57–61.

Rumbaugh, J. (1992*b*). 'Horsing Around With Associations'. *Journal of Object-Oriented Programming* 5(2), 49–53.

Rumbaugh, J. (1992*c*). 'Over the Waterfall Into the Whirlpool'. *Journal of Object-Oriented Programming* 5(5), 23–26.

Rumbaugh, J., M. Blaha, W. Premerlani, F. Eddy und W. Lorensen (1991). *Object-Oriented Modeling and Design*. Prentice-Hall. Englewood Cliffs, New Jersey.

Rundshagen, M. (1993). Phasenmodelle zur Beschreibung von objektorientierten Softwarelebenszyklen. Diskussionspapier 1-93. Lehrstuhl für Wirtschaftsinformatik III, Universität Mannheim.

Rundshagen, M. (1994). MAOOAM – Integration verschiedener Systemsichten in ein CASE-Tool. Diskussionspapier 1-94. Lehrstuhl für Wirtschaftsinformatik III Universität Mannheim.

Sargent, R. (1991). 'Research Issues in Metamodelling'. *Proceedings of th 1991 Winter Simulation Conference* S. 889–893.

Schader, M. und M. Rundshagen (1993). Ein Vergleich objektorientierter Analysemethoden. In J. Niedereichholz und W. Schuhmann (Hrsg.). 'Wirtschaftsinformatik – Beiträge zur modernen Unternehmensführung'. Campus. Frankfurt. S. 218–239.

Schader, M. und M. Rundshagen (1994). *Objektorientierte Systemanalyse – Eine Einführung*. Springer-Verlag. Berlin u.a.

Schader, M. und S. Kuhlins (1994). *Programmieren in C++ (2. Aufl.)*. Springer-Verlag. Berlin u.a.

Schäfer, S. (1993). 'Klassische Entwurfstechniken für die objektorientierte Entwicklung'. *HMD* 30(170), 47–54.

Schäfer, S. (1994). *Objektorientierte Entwurfsmethoden – Verfahren zum objektorientierten Softwareentwurf im Überblick*. Addison-Wesley. Bonn u.a.

Schaschinger, H., H. Sikora und I. Bätzchler (1991). 'Objektorientierte Analyse- und Designmethoden'. *Softwaretechnik-Trends* 11(4), 32 –43.

Scheer, A.-W. (1991). *Architektur integrierter Informationssysteme–Grundlagen der Unternehmensmodellierung*. Springer-Verlag. Berlin, u.a.

Schoch, G. (1994). Objektorientierte Entwicklung einer grafischen Benutzeroberfläche für eine Testumgebung zum Abspeichern der dynamischen Sicht des MAOOAM-Ansatzes. Studienarbeit. Lehrstuhl für Wirtschaftsinformatik III, Universität Mannheim.

Schulz, A. (1989). 'Software-Lifecycle- und Vorgehensmodelle'. *Angewandte Informatik* (4), 137–142.

Sharble, R. C. und S. S. Cohen (1993). 'The Object-Oriented Brewery: A Comparison of Two Object-Oriented Development Methods'. *ACM Sigsoft Software Engineering Notes* **18**(2), 60–73.

Shlaer, S., S. J. Mellor und W. Hywari (1991). OODLE a Language-Independent Notation for Object-Oriented Design. In R. Wiener (Hrsg.). 'Journal of Object-Oriented Programming – Focus on Analysis & Design'. SIGS Publications. Colorado Springs. S. 98–106.

Shlaer, S. und S. J. Mellor (1988). *Object-Oriented Systems Analysis, Modeling the World in Data.* Yourdon Press. Englewood Cliffs, New Jersey.

Shlaer, S. und S. J. Mellor (1992). *Object Lifecycles, Modeling the World in States.* Yourdon Press. Englewood Cliffs, New Jersey.

Shneiderman, B. (1992). *Designing the User Interface – Strategies for Effective Human-Computer Interaction.* 2 edn. Addison Wesley. Reading, Massachusetts.

Singer, G. (1993). 'An Eclectic Approach to Developing an O-O Methodology'. *Object Magazine* **3**(4), 36–41.

Snyder, A. (1993). 'The Essence of Objects: Concepts and Terms'. *IEEE Software* S. 31–42.

Software AG (1993). Object-Oriented Analysis and Design Method. Technischer Report. Software AG.

Soukup, J. (1994). *Taming C++: Pattern Classes and Persistence for Large Projects.* Addison-Wesley. Reading, Massachusetts u.a.

Steffens, F. (1992). OrgIS – Ein Organisationsinformationssystem: Grundlagen und Grundideen. Diskussionspapier. Lehrstuhl für Allgemeine Betriebswirtschaftslehre, Organisation und Wirtschaftsinformatik, Universität Mannheim.

Stein, W. (1993). 'Objekorientierte Analysemethoden – ein Vergleich'. *Informatik Spektrum* **16**(6), 317–332.

Stein, W. (1994). *Objektorientierte Analysemethoden – Vergleich, Bewertung, Auswahl*. Wissenschaftsverlag. Mannheim, Wien, Zürich.

Taylor, D. A. (1993). 'Finding good objects'. *Object Magazine* **3**(3), 16–18.

Thiel, M. (1992). 'Qualität und Tools'. *HMD* **29**(163), 40–53.

Thomas, D. (1989). 'What's in an Object'. *BYTE* **14**(3), 231–240.

van Baelen, S., J. Lewi, E. Steegmann und H. van Riel (1992). EROOS: An Entity-Relationship Based Object-Oriented Specification Method. In G. Heeg, B. Magnusson und B. Meyer (Hrsg.). 'TOOLS 7'. Prentice Hall. Hertfordshire, England. S. 103–117.

van Wintraecken, J. (1990). *The NIAM Information Analysis Method: Theory and Practice*. Kluwer Academic Publishers. Dordrecht u.a.

Walker, I. (1992). 'Requirements of an object-oriented design method'. *Software Engineering Journal* **7**(2), 102–113.

Wand, Y. und R. Weber (1989). An Ontological Evaluation of Systems Analysis and Design Methods. In E. Falkenberg und P. Lindgreen (Hrsg.). 'Information System Concepts: An In-depth Analysis'. Elsevier. Amsterdam. S. 79–107.

Ward, P. E. (1989). 'How to Integrate Object Orientation with Structured Analysis and Design'. *IEEE Software* S. 74–82.

Wasserman, A. (1991). 'From Object-Oriented Analysis to Design'. *Journal of Object Oriented Programming* **4**(6), 46–50.

Weinand, A. (1992). *Objektorientierte Architektur für grafische Benutzungsoberflächen – Realisierung der portablen Fenstersystemschnittstelle von ET++*. Springer-Verlag. Berlin, Heidelberg.

Welland, R., S. Beer und I. Sommerville (1990). 'Method Rule Checking in a Generic Design Editing System'. *Software Engineering Journal* **5**(2), 105–115.

Wiener, R. (Hrsg.) (1991). *Journal of Object-Oriented Programming – Focus on Analysis & Design*. SIGS Publications. Colorado Springs.

Wijers, G. und H. Heijes (1990). Automated Support of the Modelling Process: A view based on experiments with expert information engineers. In B. Steinholtz, A. Solvberg und L. Bergman (Hrsg.). 'Advanced Information Systems Engineering'. Springer-Verlag. Berlin u.a.. S. 88–108.

Wirfs-Brock, R. (1993). 'Stereotyping – A Technique for Characterizing Objects and Their Interactions'. *Object Magazine* **3**(4), 50–53.

Wirfs-Brock, R., B. Wilkerson und L. Wiener (1990). *Designing Object-Oriented Software*. Prentice Hall. Englewood Cliffs, New Jersey.

Wirfs-Brock, R. und B. Wilkerson (1989*a*). 'Object-Oriented Design: A Responsibility-Driven Approach'. *Proceedings of OOPSLA '89* S. 71–75.

Wirfs-Brock, R. und B. Wilkerson (1989*b*). 'Variables Limit Reusability'. *Journal of Object-Oriented Programming* **2**(3), 35–40.

Wirfs-Brock, R. und R.E. Johnson (1990). 'Surveying Current Research in Object-Oriented Design'. *Communications of the ACM* **33**(9), 104–124.

XVT Software (1993). *XVT-Design++*. Boulder, Colorado.

Yourdon, E. (1989). *Modern Structured Analysis*. Yourdon Press. Englewood Cliffs, New Jersey.

Yourdon, E. (1993). *Die westliche Programmierkunst am Scheideweg*. Hanser. München, Wien.

Yourdon, E. (1994). *Object-Oriented Systems Design: An Integrated Approach*. Prentice-Hall. Englewood Cliffs, New Jersey.

Index